EVROPA

Jede dritte Frau mit 35 in Deutschland ist kinderlos. Mütter gehören damit auf die Liste der bedrohten Arten. Doch warum ist das so? Was tut die Politik? Was wollen die Frauen, was die Männer? Mit welchen Hürden haben Familien zu kämpfen? Welche überkommenen Vorstellungen versperren den Weg für Veränderungen? Polemisch und radikal pragmatisch geht Signe Zerrahn auf Spurensuche und weist Wege aus der Abseitsfalle Familienpolitik. »Was wir brauchen, sind keine neuen Männer und keine besseren Frauen, sondern schlicht und ergreifend eine Politik, die akzeptiert, dass Paare Kinder haben wollen. Wir brauchen eine Politik, die die Familien ernst nimmt, ohne sie zu idealisieren.«

Signe Zerrahn, geboren 1962 hoch im Norden, aufgewachsen tief im Westen. Ausgebildet bei einer großen Tageszeitung und an der Uni Münster. Lebt seit 20 Jahren vom Schreiben. Zurzeit mit Mann und Tochter in Berlin. Ihre Schwerpunkte: Finanzdienstleistungen, Renten- und Sozialrecht.

SIGNE ZERRAHN

Familien in Deutschland

Ein Frontbericht

EUROPÄISCHE VERLAGSANSTALT

Die Deutsche Bibliothek – CIP-Einheitsaufnahme

Ein Titeldatensatz für diese Publikation ist bei
Der Deutschen Bibliothek erhältlich

Umschlaggestaltung: Projekt ®, Hamburg
Herstellung: Das Herstellungsbüro, Hamburg
Satz: Greiner & Reichel, Köln
Druck: Druckerei Himmer, Augsburg
Printed in Germany

ISBN 3-434-50528-8

Informationen zu unserem Verlagsprogramm finden Sie
im Internet unter www.europaeische-verlagsanstalt.de

Inhalt

Anstelle eine Vorworts *7*

Mythen, Mütter, Meinungen
Ideologische Grabenkämpfe bestimmen die Politik *9*

Danke, Alice
Vom Endsieg der Frauenbewegung *15*

Frau versus Mutter
Was soll Familienpolitik heute erreichen? *25*

Thema Öffentlichkeit
Mit welchen Methoden von vielen Problemen abgelenkt wird *35*

Mädchen heiraten ja doch
Der Stellenwert weiblicher Erwerbsarbeit *44*

Kinder machen arm
Die volkswirtschaftlichen Prognosen *60*

Ist Erziehung Privatsache?
Familienpolitik in der Krise *80*

Bürokratie ist männlich
Familienarbeit weiblich? *97*

Erfolgsmodell Frau
Perspektiven für die Gesellschaft *113*

Ansätze für eine neue Frauenpolitik
Modelle für die Zukunft *130*

Literatur *148*

Anstelle eines Vorworts

Sie haben es ja schon immer gewusst, die weisen Frauen jenseits der 60. Mit dem weiblichen Nachwuchs ist in Deutschland kein Staat zu machen. Ohne die Weihen der 70er Frauenbewegung, unfähig zur feministischen Aktion, politisch völlig ungebildet. Doch nun keimt Hoffnung. Denn eine große Gruppe junger Frauen verhält sich ausnahmsweise mal völlig korrekt: Jede dritte 35-Jährige ist heute kinderlos – angeblich »die Konsequenz aus der Abwesenheit der Väter, inklusive Vater Staat«, wie Alice Schwarzer der deutschen Öffentlichkeit erklärte. Eine Generation im Gebärstreik?

Ein Streik setzt gemeinhin den willentlichen Kampfentschluss einer Gruppe voraus. Planmäßig und gemeinsam wollen und sollen bestimmte Forderungen durchgesetzt werden. Die Ziele im Krieg der Geschlechter sind seit dreißig Jahren definiert. Nur dass sich viele Nach-Achtundsechziger damit nicht identifizieren können, im Gegenteil: Viele der alten Positionen gelten bei jungen Frauen als überholt. Das macht den angeblichen Gebärstreik eben nicht zur politischen Aktion einer homogenen Gruppe, wie die Alt-Feministinnen gern glauben würden. Trotzdem steht die kinderlose Frau im Fokus von Alt-FeministInnen, PolitikerInnen, JournalistInnen und anderen InnenInnen. Aus ihrer Sicht eignet sie sich perfekt als Objekt ideologischer Diskussionen. Denn ausgerechnet an Nichtmüttern werden theoretische familienpolitische Modelle entwickelt. Sie gelten vielen mittlerweile als der Normalfall, in ihrer statistischen Schönheit über jede krude Praxis erhaben. Gleichzeitig können zwei Drittel der jüngeren Frauen nicht damit rechnen, dass Politik sie beachtet. Sie haben schließlich den Status gewechselt und führen als Mutter ein nicht-öffentliches Dasein.

Dieses Buch will keine abschließenden Antworten auf die Frage geben, wie ein Leben mit Kindern aussehen kann. Aber es möchte Fragen stellen, auch unangenehme. Zum Beispiel die, wie lange sich die Bundesrepublik noch den Luxus leisten will, auf das Wissen und Können seiner weiblichen Bevölkerung zu verzichten. Und selbst wenn viele Alt-Feministinnen jetzt wütend werden: Die meisten Frauen wünschen sich Kinder. Verzichten können sie auf Bevormundung und die miesen Rahmenbedingungen für Familien.

Mythen, Mütter, Meinungen

Ideologische Grabenkämpfe bestimmen die Politik

Eine typische deutsche Eigenschaft ist die Gründlichkeit. Einmal verinnerlicht, halten Germanen in Treue fest zum Gelernten. Flexibilität, Leichtigkeit? Das sind Charakterzüge, die am Italiener geschätzt, in den eigenen Reihen verachtet werden. So haftet den Deutschen in vielen Bereichen ihres Lebens eine erdenschwere Gemütsverfassung an, die sich weder durch neue Erkenntnisse noch durch veränderte Rahmenbedingungen erschüttern lässt. Gerade wenn es um »Deutsche Werte« oder »Nationale Eigenschaften« geht, zeigen sich die sonst so Besonnenen von geradezu missionarischem Eifer. Es mag in der deutschen Seele verwurzelt sein, dass der Glaube an bestimmte Mythen über Generationen weiterlebt. Die »deutsche Mutter« ist so ein Mythos. Nicht erst seit Adolf Hitler. Allerdings gelang es den Nationalsozialisten, bestimmte Geisteshaltungen zu zementieren. Der Gedanke »Das Kind gehört zur Mutter« hat den Sprung über die 50er Jahre bis ins 21. Jahrhundert nahezu unbeschadet geschafft.

Selbstverständlich könnten hier wieder die sattsam bekannten Angriffe auf die Rechten folgen: Dass in der CDU eine große Gruppe am liebsten den § 218 wieder verschärfen würde, dass die CSU den Ausbau von Kinderbetreuungseinrichtungen in Bayern zu verhindern sucht, dass sowieso die C-Parteien alles tun, um Frauen zurück an den Herd zu treiben. Stimmt alles nur zum Teil. Einzelne Vertreter von konservativen Parteien in der Bundesrepublik vertreten zwar sehr rückwärts gewandte Positionen – aber das heißt noch lange nicht, dass sie undemokratisch/faschistisch/neofaschistisch sind. Nein, an dieser Stelle geht es um Mythen, die Rechte und Linke brauchen, um ihre Positionen zu begründen. Und da Parteien, Agenturen, Verbände und Medien entschlossen scheinen, Familienpolitik zu einem großen Wahlkampfthema zu machen, werden die alten Ansichten wieder einmal aus der Kiste gezogen. Ein bisschen abklopfen, aufbürsten – und dann passt's schon wieder.

Beispiel Muttertag: Alle Jahre wieder erwacht zum zweiten Sonntag im Mai unter den Linken die Mär von den Nationalsozialisten, die den Muttertag zum Feiertag gemacht hätten. Stimmt leider nicht! Der Muttertag ist eine amerikanische Erfindung, 1907 von einer Anne M. Jarvis initiiert. Sie hatte 1907, am zweiten Todestag ihrer Mutter, damit begonnen, sich für einen Gedenktag einzusetzen: Alle Menschen auf der Welt sollten an einem Tag im Jahr ihre Mütter ehren. In den USA hatte die Kampagne 1914 Erfolg. Per Gesetz wurde der zweite Sonntag im Mai zum Staatsfeiertag. Diesem Gesetz schlossen sich in der Folge zahlreiche Länder an.

Nach Deutschland gelangte der Brauch in den 20er Jahren – aus kommerziellen Gründen. 1923 startete der deutsche Blumenhändlerverband eine landesweite Werbekampagne und legte damit die Grundlage für gute Geschäfte. Dass der Muttertag gerade in den 20er/30er Jahren von verschiedenen Interessengruppen ideologisch aufgeladen wurde, liegt auch im Zeitgeist begründet. Gute Mütter wurden bereits in der Weimarer Republik glorifiziert, die Nationalsozialisten betrieben dieses Geschäft nur noch ein bisschen gründlicher als vor ihnen die konservativen Frauenverbände. Und natürlich erkannte Chefdemagoge Goebbels, wie sich der Muttertag für ideologische Belange nutzen ließ: Das Mutterkreuz für Frauen mit

»überdurchschnittlichen Gebärleistungen« wurde selbstverständlich erstmals an einem Muttertag verliehen. Das war 1939.

Die Nationalsozialisten haben den Muttertag für ihre Zwecke ausgenutzt. Diese Kritik üben besonders linke Feministinnen immer wieder. Nicht in Frage gestellt wird dagegen eine ganz andere Idee aus Nazi-Tagen – Parteien übergreifend: dass sich durch finanzielle Förderung Anreize zur Familiengründung schaffen lassen. Im Deutschen Reich gab es erstmals so genannte Ehestandsdarlehen, Kredite von 500 bis 1000 Reichsmark, die als Bedarfsdeckungsscheine ausgegeben wurden. Damit konnten sich die frisch Vermählten Möbel und Hausrat beschaffen. Den Kredit gab es allerdings nur, wenn die Ehefrau nach der Hochzeit ihre Arbeit aufgab. »Familienfreundlich« waren auch die Rückzahlungsmodalitäten: Je mehr Kinder, desto geringer die Restschuld. Kommt einem bekannt vor, das Modell. In der DDR überlebte es übrigens beinahe unverändert in Form des Ehekredits. Auch der konnte »abgekindert« werden, beim ersten Kind gab es tausend DM, beim dritten wurde der Rest der Schuld erlassen.

Genützt haben diese Anreize in beiden politischen Systemen wenig. Ob Nazi-Deutschland oder Deutsche Demokratische Republik: Die Zwei-Kind-Familie blieb für die Mehrheit das Ideal. Eine Steigerung der Geburtenrate ließ sich durch Geld offensichtlich nicht erreichen. Was keinen der politisch Verantwortlichen daran hindert, mal wieder finanzielle Mittel für Familien zu fordern. Getreu dem Motto: Wenn wir 10 Euro mehr Kindergeld, ein Familiengeld, eine Summe x für die Familienzeit zahlen, werden die Frauen schon schwanger. Doch die Undankbaren tun solches mitnichten. Vermutlich aus reinem Egoismus, Selbstbestimmung und so. Um diese Haltung aufzubrechen, werden potenzielle Eltern von allen Seiten ideologisch in die Zange genommen.

Die Rechten versuchen es mit dem Bürgerbegriff: Seit dem Biedermeier haben Deutsche gefälligst zu wissen, dass Ruhe erste Bürgerpflicht und die Familie Hort der Geborgenheit zu sein hat. In diesem Idyll haben Männer und Frauen ihre fest umrissenen Aufgaben. Der Ehemann agiert draußen in der Welt, in seinem Beruf, Betätigungsfeld der Frau ist die Schaffung eines gemütlichen Heims, die Führung des Hauswesens und die Erziehung vieler wohlgeratener Kinder. Kriege, Revolten und selbst beinahe 50 Jahre Demokratie konnten dieses Bild nicht ändern. Es lebt unverwüstlich fort.

Natürlich hat es in allen Zeiten Frauen gegeben, für die das bürgerliche Ideal nicht galt. Immer gab es Mütter, die für ihren Unterhalt und den ihrer Kinder selbst sorgen mussten. Doch diese Frauen hatten und haben hierzulande keine Lobby. Die Vorurteile gegen Mütter, die außerhalb der eigenen vier Wände arbeiten, sitzen tief. Nur in Deutschland konnten sich Begriffe wie »Rabenmutter« oder »Schlüsselkind« im gesellschaftlichen Bewusstsein etablieren. Zumindest in Westdeutschland hält sich hartnäckig der Mythos, dass Kinder von berufstätigen Frauen verwahrlosen. Französinnen verstehen selbst in der Übersetzung den Begriff Rabenmutter nicht ansatzweise.

Wie tief diese Vorurteile reichen, spürt jede erwerbstätige Mutter. Zwar sind 60 Prozent aller Mütter in Deutschland berufstätig, doch viele von ihnen haben Schuldgefühle ihren Kindern gegenüber. Kaum eine Betroffene ahnt, dass hier die erste erfolgreiche Medienkampagne der jungen Bundesrepublik noch immer Wirkung zeigt:

Im Jahr 1956 wurde eine soziologische Studie über »Kinder erwerbstätiger Mütter« veröffentlicht. Darin wurde berufstätigen Müttern Egoismus unterstellt, denn »bei diesen so genannten Müttern (ist) das liebe Ich immer wichtiger als die Interessen von Mann und Kind, einerlei ob es sich um eitel Vergnügungssucht, um ungesunde Intellektualität, um Geldgier, Koketterie oder sonstige Schwächen« handelt. Als Folge dieses Verhaltens wollte der Autor damals festgestellt wissen, dass die armen Kinder schrecklich vernachlässigt und einsam aufwüchsen.

In der Adenauer-Republik sorgte die Untersuchung für einen echten Medien-Hype. Landauf, landab überschlugen sich die Postillen mit Schicksalsgeschichten unglücklicher Sprösslinge. Wasser auf die Mühlen konservativer Familienpolitiker wie dem damaligen Bundesfamilienminister Wuermeling. Dieser Verfechter katholischer Grundsätze unterstützte tatkräftig alle Bemühungen, das Idealbild von der Hausfrau und Mutter gesellschaftsfähig zu machen.

Ohne das Zerrbild der deutschen Hausfrau wäre ihrerseits die Linke schrecklich arm an Feindbildern. Kämpfen doch die Alt-Feministinnen seit Jahren einen harten Kampf, alle Frauen aus dem Korsett von Kinder, Küche, Kirche zu befreien. Allerdings sind sie ganz schrecklich beleidigt, wenn ihre Vorstellungen von Glückseligkeit bei den unterdrückten Massen nicht auf Gegenliebe stoßen. So fehlt es beispielsweise nicht an Kampfschriften, die die deutschen Männer auffordern, ihren Anteil an der Erziehungsarbeit aufzunehmen. Gute Idee. Doch lassen sich Verhaltensänderungen nicht per Gesetz erzwingen. Dass Anfang 2001 aus dem Erziehungsurlaub die Familienzeit wurde, ist nicht ausreichend.

Die Frage, ob denn so ein Erziehungsurlaub sinnvoll ist, darf in Deutschland überhaupt nicht gestellt werden. Frauenkämpferinnen aller Couleur schreiben sich die Schaffung dieses Phänomens als großen Sieg für die Sache der berufstätigen Mütter auf die Fahnen. Im Alltag ist das Gegenteil der Fall. Denn wer den Versprechungen der Politiker glaubt, zahlt im Erziehungsurlaub drauf. Vor allem für gut ausgebildete Frauen hat eine Berufspause neben rentenrechtlichen Nachteilen massive finanzielle Einbußen zur Folge. Sofort und in der Zukunft.

Bei allem Reden von Dienstleistungsgesellschaft und Wandel der Erwerbsarbeit – wer pausiert, hat in Deutschland verloren. Das wissen die meisten Männer ganz genau. Darum gehen sie auch nicht in den Erziehungsurlaub. Sie wissen warum! Ausnahmen bilden lediglich Angestellte im öffentlichen Dienst und Beamte; sie können in ihrer Behörde das Recht auf Teilzeitarbeit in der Familienzeit durchsetzen. In der freien Wirtschaft stoßen solche Wünsche auf ein pikiertes Lächeln. Gegen geltendes Arbeitsrecht wird keiner verstoßen. Doch spätestens dann, wenn sich die Ingenieurin an einem Katzentisch (»sie brauchen ihn ja nur für vier Stunden ...«) neben den technischen Zeichnern wiederfindet, weiß jede, welche Strafen auf die Forderung nach Teilzeitarbeit stehen.

Beim ritualisierten Hick-Hack zwischen Familienideologen und Frauenbewegten haben Frau und Herr Normalbürger jenseits des Refugiums »Öffentlicher Dienst« das Nachsehen. Familie, nein danke! Nur noch 1,3 Kinder pro Frau werden in Deutschland geboren. Um die Bevölkerungsdaten stabil zu halten, wären 2,1 notwendig. Schon jede vierte Frau des Jahrgangs 1960 und knapp jede dritte Frau des Jahrgangs 1965 werden kinderlos bleiben. Bei Akademikerinnen bleiben sogar 40 Prozent ohne Nachwuchs. Weil sie im Gebärstreik sind – oder weil das Thema Kinder in der Bundesrepublik mit deutscher Gründlichkeit abschließend behandelt wurde?

Danke, Alice

Vom Endsieg der Frauenbewegung

Deutschland, deine Feministinnen ... Sie sind nicht schlechter als ihre amerikanischen Schwestern, sie sind mit genauso viel Elan angetreten wie die Französinnen, haben Teilsiege erkämpft und sind doch die beklagenswertesten Geschöpfe Europas geblieben. Kaum eine Bewegung hat das Jammern so verinnerlicht wie die Reckinnen der Frauenbewegung. Auf diese Weise wurde im Westen der Republik ein durch und durch deutscher Feminismus geschaffen: der Opferfeminismus.

Nichts gegen die wackeren Kämpferinnen. Frauen in der Bundesrepublik haben – gerade auch wegen einer Alice Schwarzer – viel erreicht. Unvergessen, dass es die Lila Weiber waren, die eine Reform des Abtreibungsparagraphen 218 durchgesetzt haben; die forderten, dass das Gleichheitsgebot unserer Verfassung Einzug ins Bürgerliche Gesetzbuch finden müsste; die durchsetzten, dass Vergewaltigung in der Ehe strafbar ist. Letzteres übrigens erst 1997.

Und wenn Alice Schwarzer stolz im »Spiegel« verkündet: »Zu Beginn des dritten Jahrtausends macht in Deutschland jedes dritte Mädchen Abitur, und an den Universitäten beginnen inzwischen mehr Studentinnen ein Studium als Studenten. Im Parlament, das die Frauen nach langen Kämpfen 1918 erstmals betreten durften, gibt es heute viermal so viele Frauen wie in den fünfziger Jahren:

Fast jeder dritte Abgeordnete ist weiblich«, können junge Frauen superstolz auf ihre Mütter sein. Na, klasse! Das war es dann aber auch schon.

Wenn in die Jahre gekommene Feministinnen behaupten, Frauen seien gerade dabei, den »Griff nach ihrer Hälfte (der Welt) zu üben«, ist das typisch Opferfeminismus. Denn die Männer sind wieder schuld. Weil die nämlich »auf ihre Privilegien nicht freiwillig verzichten« und deshalb gewalttätig werden. Frauen üben also nur. Was denn? Ein bisschen Erwerbsarbeit, ein bisschen Politik? Da folgt gelegentlich der Appell, Frauen auch ein kleines bisschen an die Macht zu lassen. Doch die bösen Männer lassen frau einfach nicht, meinen die Feministinnen. Und gucken jeden grimmig an, der anderes behauptet.

Der fehlende Wille zur Macht ist es, der Frauenpolitik in Deutschland zu einer so durch und durch peinlichen Angelegenheit verkommen lässt. Die ewig alten Kamellen von fiesen Kerlen und unterdrückten GutmenschInnen. In der Öffentlichkeit prägen immer noch die 70er-Jahre-Feministinnen das Bild. Leider. Frauenpolitik ist etwas, das irgendwo zwischen Frauenuniversität und www.Hausfrauen.de stattfindet. Dass dies so ist, verdanken wir den Müttern der Frauenbewegung. Denn viele von ihnen kritisieren das Streben nach Führungspositionen als unkorrekt. Für die Feministinnen ist die Frau ein schützenswertes Objekt auf der Roten Liste für gefährdete Arten. Und was für weibliche Wesen im Allgemeinen gilt, trifft natürlich in besonderem Maß auf Mütter zu. Verbesserungen werden in Deutschland vornehmlich im Beschwerdeton eingeklagt. Das hat üble Konsequenzen. Wie die Autorinnen Weingarten und Wellershoff in »Die widerspenstigen Töchter« treffend formulieren: »Wer Macht hat, setzt sich durch, entscheidet, handelt in seinem Interesse. Und wer die Macht hat, lässt sich vor allem nicht mit einem Minimalprogramm abspeisen.«

Eben dieses Minimalprogramm kennzeichnet die bundesdeutsche Frauenpolitik. Klar gibt es Frauenbeauftragte in vielen Städten und Gemeinden. Wie toll und wichtig deren Arbeit ist, bewiesen im Jahr 2001 die damalige Hamburger Justizsenatorin Lore Maria Peschel-Gutzeit und Rita Bake aus der Landeszentrale für politische Bildung. Mit dem bahnbrechenden »Gleichberechtigungsprogramm für Straßennamen« bewiesen die Hanseatinnen, welche Themen streitbare Feministinnen nicht ruhen lassen. Ihre Pressemitteilung im Wortlaut:

»Namensgeber für Hamburger Straßen, die nach Personen benannt sind, sind fast stets berühmte Männer, dagegen nur ganz selten Frauen. Bereits seit den 80er Jahren bemüht sich Hamburg, dieses historisch entstandene Ungleichgewicht zu ändern und verdiente Frauen stärker als früher zu berücksichtigen. So sind jetzt beispielsweise im Stadtteil Allermöhe die Straßen insbesondere nach Frauen benannt worden.

Der Senat beschreitet nun erstmalig einen neuen Weg. Auf Initiative der Senatskanzlei – Landeszentrale für politische Bildung – und des Senatsamtes für Bezirksangelegenheiten hat der Senat beschlossen, bei vierzehn nach dem Familiennamen von Männern benannten Straßen die an dem Straßenschild angebrachten Erläuterungen um Informationen zur Ehefrau oder zu weiblichen Verwandten des Namensgebers zu ergänzen, wenn diese ebenfalls Herausragendes geleistet haben.

Da sich die Straßennamen selbst nicht ändern, sind die Anwohnerinnen und Anwohner hiervon nicht betroffen; sie müssen ihre Adressen nicht ändern.

Senatorin für Bezirksangelegenheiten Dr. Lore Maria Peschel-Gutzeit: ›Der bekannte Ausspruch, dass hinter jedem erfolgreichen Mann eine Frau steht und ein Mann vor jeder erfolgreichen Frau, stimmt nach wie vor. Leider werden herausragende Frauen berühmter Männer jedoch in der Öffentlichkeit oft nicht wahrgenommen, obwohl sie ebenfalls Außerordentliches geleistet haben. Die neuen Erläuterungshinweise zu den Straßennamen sollen die Frauen aus diesem Dunkel herausholen und ihr Leben und Wirken bekannt machen.‹

In fünf Hamburger Bezirken sind insgesamt 14 Straßen- und Wegenamen ausgewählt worden, bei denen Straßennamenschilder Erläuterungen zu verdienten Frauen erhalten werden.«

Angesichts dieser bahnbrechenden Aktion möchte eine Münchnerin glauben, in Hamburg herrschten paradiesische Zustände für Frauen. Das ist aber gar nicht der Fall. Auch im hohen Norden fehlen Hort- und Kindergartenplätze, gibt es nur 30 Ganztagsschulen. Anders ausgedrückt: Nur für knapp drei Prozent der Schüler stehen Ganztagsplätze zur Verfügung. Wenn die Kinder also nachmittags unbetreut auf der Straße herumlungern, können sie dank der »Erläuterungshinweise an den Straßenschildern« wenigstens was Geschichtliches lernen.

Ein wahrer Sumpf von Beauftragten, Bewegten, Bemühten kennzeichnet die Frauenpolitik in ganz Deutschland. Bei der Politik der kleinen Schritte wurde irgendwie das Ziel aus den Augen verloren, nein: das Ziel neu definiert. Für die überwiegende Mehrzahl der Feministinnen in Deutschland geht es schon lange nicht mehr um eine aktive Durchsetzung des Gleichheitsparagrafen. Die Emanzipation von Amts wegen hat indessen zu einer interessanten Anhäufung von Pöstchen und Pfründen geführt. In diesem unübersichtlichen Dickicht versickern täglich Tausende von DM. Für die gute Sache versteht sich. Da werden Gutachten erstellt, Aktionspläne entworfen, Schutzprogramme gefordert. Mal für Mütter, mal für Töchter, je nach Ausrichtung für verheiratete Frauen oder Alleinerziehende. Profitieren kann von diesen Aktionen der Sektor der freien und staatlichen Wohlfahrt. Es trifft sich gut, dass es so viele Gesetze zum Schutze des schwachen Geschlechts gibt. Frauen stellen in Deutschland knapp 50 Prozent der Bevölkerung. Sie sind das Reservoir, das eine ganze Industrie zur Praktizierung christlicher Nächstenliebe speist. Frauen sind die Opfer, um die sich gekümmert werden muss. Sie sind Opfer von männlicher Gewalt, von sexueller Unterdrückung, und ganz neu, Opfer der Globalisierung, hinter der natürlich wieder nur böse Männerinteressen stehen.

Selbstverständlich sind auch alle Mütter Opfer. Kinder, so beweisen es Frauen wie Alice Schwarzer wieder und wieder, sind nur ein Klotz am Bein. Eines macht unfrei, zwei abhängig, drei und mehr jede Frau zur Sklavin. Opfer bleibt frau immer. Unter allen Umständen:

Wenn sie mit Kind voll arbeitet: hat sie ein schlechtes Gewissen, ist ergo unglücklich.

Wenn sie mit Kind Teilzeit arbeitet: hindern sie die schlechten Betreuungsangebote daran, Karriere zu machen.

Wenn sie gar nicht arbeitet: bleibt sie zu Hause, weil sie sich »den Kopf an der gläsernen Decke wund gestoßen hat«. Will meinen: Weil Männer Frauen am beruflichen Erfolg hindern, entscheiden sich Frauen zur Familienpause und müssen laut Schwarzer doppelt leiden. Sie verlieren erstens im Beruf den Anschluss und werden zweitens vom eigenen Ehemann entmutigt.

Alles in allem also reichlich schlechte Aussichten für Frauen mit Kindern. Aber keine Sorge, anderen Frauen darf es auch nicht besser gehen. Dafür sorgen schon die Hüterinnen des Feminismus, die in bewährter Weise an ihrer Rolle als Klageweiber festhalten. Jede Veränderung in der Gesellschaft wird von dieser Gruppe mit den bekannten Litaneien verfolgt. Eigeninitiative, Selbstbestimmung? Solche Forderungen rühren an ein Tabu. Wo kämen wir denn hin, wenn in dieser Republik die Menschen selbst bestimmten, was gut für sie ist? Die Bürokratin hat Sachverstand qua Position. Und das lässt sie insbesondere die Frauen spüren. Traf der strenge Blick einer Dame vom Amt früher die ledigen Mütter, ruht er heute auf verheirateten Müttern: Angesichts des Elends in der Republik ist privates Glück auch wirklich eine Unverschämtheit. Kein Hortplatz!

Und so machen Politikerinnen und Politiker weiterhin Gesetze für Minderheiten. Für Misshandelte, für Arme, für Gequälte – eben für die Gruppe, der nach Meinung von Opferfeministinnen jede Frau angehört. Da wird es doch Zeit, endlich einmal danke zu sagen. Danke liebe 70er-Jahre-Frauenbewegung! Danke, dass wir jungen Frauen den »Gebärstreik« machen dürfen, den euch – des Alters wegen – schon lange keiner mehr abnimmt!

Denn mal ehrlich: Gerade bei der Frauenpolitik geht es doch schon längst nicht mehr um Fakten. Ein Aus-dem-Bauch-raus-Gefühl und ein Ich-bringe-mich-ein-Verhalten kennzeichnet viele Diskussionen. Wer einmal mit der Freundin im Wochenbett gehechelt hat, ist beinahe selbst eine Mutter. So wie einen der Einkauf auf dem türkischen Wochenmarkt zum Experten in Migrationsfragen macht und die Wahl des richtigen Stromanbieters zum besseren Menschen. Je komplizierter unsere Umwelt wird, desto mehr sind Menschen bereit, sich auf Stellvertreter-Erfahrungen einzulassen. Im Privatleben mag dies amüsant sein. Schließlich kichert jeder gern über den Globetrotter, der als einziger nicht weiß, dass seine alternative Finca seit Jahren günstig im Katalog für Pauschalreisen zu finden ist. Fatal wird es, wenn sich im öffentlichen Leben niemand mehr die Mühe macht, die Fakten zur Kenntnis zu nehmen. Nicht nur im rechten Lager gibt es Stammtischpolitik. Auch die Linke lebt von Meinungen. Das trifft ganz besonders auf die zu, die sich angeblich für Mütter stark machen. Allerdings kennen diese Menschen in der Regel gar keine Frauen mit Kindern und sind häufig nicht daran interessiert, deren Lebensumstände zum Ausgangspunkt ihrer Entscheidungen zu machen.

Öffentliche Personen in Deutschland sind kinderlose Personen – oder sie tun zumindest so. Bundeskanzler Schröder hat mittlerweile die vierte Ehefrau – aber keine eigenen Kinder. Außenminister Fischer ist zum wiederholten Mal verheiratet, und? Kinderlos. Rudolf Scharping verkündete der Republik eine neue Liebe, bei der keiner folgendes tun wird: »Zu Hause sitzen, Kartoffeln schälen, Wäsche waschen und darauf warten, dass der andere endlich kommt.« Vergessen waren da Ex-Ehefrau und drei Töchter. Ministerin Renate Künast, Ex-Ministerin Andrea Fischer, Ministerin Heidemarie Wieczorek-Zeul, Ministerin Edelgard Bulmahn: Entweder sie haben keine Kinder oder sie halten es nicht für wichtig, diese in ihren Lebensläufen zum Beispiel unter www.bundestag.de zu erwähnen.

Als Meinungsmacher ohne Kinder finden sich die Politikerinnen in guter Gesellschaft. Ulrich Wickert ist das gute Gewissen der Republik – ohne Kinder. Sabine Christiansen talkt über alles vermeintlich Wichtige – außer über Kinder – und natürlich ohne eigene. Chefredakteurin wird frau selten – und wenn, ohne Kinder (siehe Alice Schwarzer).

Natürlich ist die eigene Familie auch Privatsache. Schließlich steht nicht jede Frau à la Jenny Elvers darauf, sich von der Empfängnis bis zur Niederkunft von den Medien begleiten zu lassen. Dennoch: Ein bisschen mehr Kind täte der Republik gut. Unser Land ist schließlich nicht allein die Heimstatt von fröhlichen Party-Mädchen und energischen Jung-Managern. Wer mehr Kinder möchte, täte daher gut daran, ein wenig am öffentlichen Ansehen von Müttern zu polieren. Anders herum funktioniert es ja: Wer sich als Vater gelegentlich mit seinem Nachwuchs ablichten lässt, erhält doch gleich fünf Sympathiepunkte mehr! In der freien Wirtschaft gucken Personalchefs sehr genau, ob Männer Familie haben. Denn Frau und Kind(er) gelten als stabilisierend. Also doch hinter jedem erfolgreichen Mann eine Frau und hinter jeder erfolgreichen Frau zehn Männer, die sie zurückhalten?

Tatsache ist, dass vielen jungen Frauen in Deutschland positive

Leitbilder fehlen. Die Konsequenz aus 30 Jahren Emanzipationsversuchen? Schon Goethe wusste für sein Gretchen, wer in schwierigen Zeiten helfen kann: »Es wird mir so, ich weiß nicht wie. Ich wollt, die Mutter käm nach Haus. Mir läuft ein Schauer am ganzen Leib, bin doch ein törig furchtsam Weib.« Aber die Mütter können nicht mehr kommen. Sie sind irgendwo zwischen Esoterik und Frauen gegen Tierversuche stehen geblieben. Was sie nicht daran hindert, der Töchtergeneration weiterhin fleißig Steine in den Weg zu legen. Getreten wird vornehmlich nach dem eigenen Geschlecht. Junge Frauen in die Politik? Da sind viele alte Frauen davor. In ihrer Angst, überflüssig zu sein, schotten sie sich in kuscheligen Zirkeln nach außen hin ab. Da mag öffentlich noch so sehr von Alternativen zu Männerbünden die Rede sein – zumindest von Frauen wird in naher Zukunft kein alternatives Frauennetzwerk in der Bundesrepublik zu erwarten sein. Wo sich Männer wie Edmund Stoiber oder Gerhard Schröder mit einer großen Gruppe von Beratern, Vertretern, Referenten und möglichst vielen potenziellen Nachfolgern umgeben, zeigen sich die Politikerinnen mit Vorliebe als einsame Heroinen. Bloß nicht in die Karten gucken lassen, bloß nicht delegieren, bloß nicht dieselbe Frau zu lange unterstützen – sie könnte eine Konkurrentin sein. Konkurriert wird mit den Männern, auch um den Preis der Selbstaufgabe.

Doch nur starke Mütter können starke Töchter erziehen. Für amerikanische Politikerinnen ist das selbstverständlich. Sie gehen in die Politik, weil sie etwas für ihre Kinder erreichen wollen. Dagegen verstehen sich Politikerinnen in Deutschland häufig noch in der Tradition von 1968. Das macht sie zu jungen Rebellinnen, wenn auch gereifteren Alters. Genauso wie die Männer dieser Generation haben sie sich irgendwie als am Ende der Geschichte definiert. Eine gute deutsche Tugend, Hegel hat das genauso gemacht. Ihre Väter hat diese Gruppe erst beschimpft, dann verachtet. Bei den Müttern reichte es häufig nicht einmal für Beachtung.

Eigentlich mag niemand mehr etwas von der Selbstgerechtigkeit der Berufsjugendlichen hören. Dennoch tragen sie nach Kräften dazu bei, ein Deutschlandbild zu konservieren, dass es seit der Wiedervereinigung nicht mehr gibt. Die Bundesrepublik ist mittlerweile der bevölkerungsreichste Staat der Europäischen Union. Zu Recht erwarten andere Länder, dass ein solch großes und wirtschaftlich potentes Land sich seiner Verantwortung innerhalb der Staatengemeinschaft bewusst ist. Die Gruppe der Spät-68er tut allerdings immer noch so, als wäre Deutschland ein kleines unbedeutendes Fleckchen von der Größe Liechtensteins. In dieser Oase leben a) Gutmenschen und b) alle anderen Deutschen, die entweder Nazis, Spießer oder Pauschalurlauber sind. Und weil dem so ist, müssen diese Deutschen, also die schlechten, provinziellen nach allen Kräften missioniert werden.

Beispiel Sozialrecht: Abgefedert durch üppige Diäten lässt sich herrlich über die Ungerechtigkeit des Seins nachdenken. Kinder machen arm, deswegen haben Weltverbesserer auch selten welche! Aber kümmern muss man sich doch um die anderen, die Unglücklichen. Konsequenterweise wird alles getan, um die Betroffenen weiter in Abhängigkeiten zu halten. So fordert beispielsweise das Bundessozialhilfegesetz, dass Bedürftigen Hilfe zur Selbsthilfe gewährt werden müsse. In der Praxis funktioniert dieses Modell allerdings nur selten. Zwar gibt es immer noch viele Bürger, die nur kurzzeitig auf Hilfe vom Staat angewiesen sind. Auf der anderen Seite nimmt aber die Gruppe derjenigen, die dauerhaft von staatlichen Zuweisungen abhängig sind, beständig zu. Alle Versuche und Diskussionen, diesen Umstand zu verändern, werden von der Helfer-Lobby vehement abgeblockt. Ende 1998 waren in Deutschland 2,88 Millionen Personen in 1,5 Millionen Haushalten auf Sozialhilfe angewiesen. Unter den Sozialhilfebeziehern waren Kinder unter 18 Jahren mit rund 1,1 Millionen die mit Abstand größte Gruppe, stellte der Armutsbericht der Bundesregierung fest. Angesichts dieser Zahlen verwundert es wenig, dass bewährte US-amerikanische Programme hierzulande abgelehnt werden. Müssten weibliche Hilfsempfänger arbeiten, bräuchte es beispielsweise ein neues System der Kinderbetreuung. Undenkbar! Außerdem: Wo sollen denn all die Helferlein untergebracht werden, die zurzeit mit der Verwaltung von sozial Schwachen beschäftigt sind?

Kleine Notiz am Rande: Mit dem in der BRD gern zitierten Programm »Wisconsin Works« hat der entsprechende US-Bundesstaat kein Geld eingespart. Zwar seien dort, so berichtet der »Spiegel« in seiner Ausgabe 33/2001, die direkten Zuwendungen von 300 Millionen auf 60 Millionen Dollar jährlich gesunken. Weil allerdings gleichzeitig die Ausgaben für Fortbildung, Sozialarbeit und Kinderbetreuung genauso drastisch gestiegen seien, hätten sich die Gesamtkosten um gut 20 Prozent auf 490 Millionen Dollar pro Jahr erhöht. Soviel zur These, wer eine Reform der Sozialpolitik fordere, wolle nur auf Kosten der Armen sparen.

Politik in Deutschland wird gerade von den angeblich fortschrittlichen Parteien gern als Erziehungsprogramm verstanden. Der Staat liefert hierzulande keine Rahmenbedingungen, die seinen Bürgern aktives wirtschaftliches oder soziales Handeln erlauben. Vielmehr ist aus dem einst so erfolgreichen Modell der sozialen Marktwirtschaft ein monströs überreguliertes Etwas geworden. Das haben viele Politiker sogar verstanden. Doch anstatt endlich den Wildwuchs im Behördendschungel konsequent zu beschneiden, wird wieder eine neue Verordnung ausgegeben, ein neues Gesetz geschaffen. Auf der Strecke bleiben in Deutschland diejenigen, die eigentlich unter dem besonderen Schutz des Grundgesetzes stehen: Familien und Kinder.

Frau versus Mutter

Was soll Familienpolitik heute erreichen?

Mit der Familienpolitik tun sich alle Parteien in Deutschland schwer. Irgendwie ist die Familie so etwas wie die Keimzelle des Staates, das macht sie für MenschInnen links von der Mitte suspekt. Gleichzeitig hat Familie heute wenig mit dem zu tun, was die Gründermütter und -väter der Republik im Sinn hatten, als sie 1949 unter Artikel 6 des Grundgesetzes formulierten:

»(1) Ehe und Familie stehen unter dem besonderen Schutze der staatlichen Ordnung.

(2) Pflege und Erziehung der Kinder sind das natürliche Recht der Eltern und die zuvörderst ihnen obliegende Pflicht. Über ihre Betätigung wacht die staatliche Gemeinschaft.

(3) Gegen den Willen der Erziehungsberechtigten dürfen Kinder nur auf Grund eines Gesetzes von der Familie getrennt werden, wenn die Erziehungsberechtigten versagen oder wenn die Kinder aus anderen Gründen zu verwahrlosen drohen.

(4) Jede Mutter hat Anspruch auf den Schutz und die Fürsorge der Gemeinschaft.

(5) Den unehelichen Kindern sind durch die Gesetzgebung die gleichen Bedingungen für ihre leibliche und seelische Entwicklung und ihre Stellung in der Gesellschaft zu schaffen wie den ehelichen Kindern.«

Schöne Paragrafen, die jeder, aber auch wirklich jeder für ganz wichtig hält. Dennoch: Über kein Thema zerstreiten sich Politiker aller Farben so sehr wie über Familienpolitik. Wer Familienpolitik machen möchte, kommt an den Frauen nicht vorbei. Doch welchen Stellenwert sollen die Frauen bekommen?

Ist Frauenpolitik Teil der Familienpolitik? Muss Frauenpolitik unabhängig von Familienpolitik gemacht werden? Wird Frauenpolitik überflüssig, wenn es eine gute Familienpolitik gibt? Fragen über Fragen, die bislang keiner abschließend beantworten mag.

Tatsache ist: Wer heute in Deutschland in ein Parlament gewählt werden möchte, gibt sich in der Regel kinderfreundlich und tritt als Frauenversteher auf. Selbst in der katholischen Provinz würde kein Politiker öffentlich behaupten, die Frau gehöre in die Küche und an den Herd. Was nicht bedeutet, dass diese Haltung überwunden ist. Denken tun das immer noch viele, nur zu sagen traut es sich halt keiner mehr. Angesichts der jüngsten demoskopischen Zahlen überstürzen sich die Parteien sogar mit Vorschlägen, um die Deutschen zur Reproduktion anzuregen. Es hat zwar lange gedauert, doch unterschreibt heute keiner mehr den Satz Konrad Adenauers, der meinte: »Kinder kriegen die Leute sowieso!«

Denn das mit dem Schwanger-Werden hat unübersehbar nachgelassen. Sei es, weil Frauen nur noch die Kinder bekommen, die sie wirklich wollen – wie Alice Schwarzer behauptet. Oder weil zum Kinderkriegen immer noch zwei gehören, und die angebotenen Partnerschaftsmodelle von vielen Frauen als fragwürdig angesehen werden. Kinder sind dennoch ein Thema, das die Gemüter bewegt. Und so haben sich die Strategen aller Fraktionen noch nicht abschließend festgelegt, ob den Deutschen Sicherheit oder Familienpolitik wichtiger ist.

Der Herbst 2001 brachte die Rückkehr traditioneller Werte. Nach dem Anschlag in New York besann man sich vielerorts auf Heimat, Familie, Zuhause. Bis zu dem schrecklichen 11. September galten zahlreichen Bürgern solche Werte als spießig und rückständig. In der alten Spaßgesellschaft war weder Platz für Kinder noch für konstruktives Nachdenken. Stattdessen stritt man innerhalb der Parteien um die besten Plätze auf der Peinlichkeitsliste. Guido Westerwelle brachte sich mit seinem Besuch im Big Brother Container ziemlich weit nach vorn, dicht gefolgt von Rezzo Schlauch mit seiner jung-dynamischen Internet-Postkarten-Aktion. Und dann war da noch ein Verteidigungsminister namens Rudolf Scharping, der sich mit nackigem Oberkörper küssend in einem Swimmingpool ablichten ließ. Auch nicht schlecht waren Versuche der Konservativen, mit knackigen Sprüchen Kompentenz zu beweisen. »Kinder statt Inder« zischelte der Vorsitzende der NRW-CDU, Jürgen Rüttgers, in die Kameras. Und Angela Merkel bewies derweil, das frau Cabrio fahren kann, ohne sich hinterher kämmen zu müssen.

Während die einen sich bemühten, einer alternden Gesellschaft ihre ewige Jugendlichkeit zu beweisen, machten sich andere daran, das Fell des Generationenvertrags zu ihren Gunsten zu verteilen. In vorderster Front dabei: die Grün-Alternativen, die damals als Weltverbesserer und Partei der Jugend angetreten waren. Mittlerweile sitzen die Grünen schon 20 Jahre in den Parlamenten und sind nicht mehr so knackig wie einst. Obwohl in Ehren ergraut, scheint für manchen die Zeit stehen geblieben zu sein. Doch hat sich seit den späten 70ern in der Republik einiges verändert. Unter anderem ist reichlich Geld ausgegeben worden für üppige Sozialleistungen. Zahlen sollen allerdings immer nur die anderen. Dass angesichts von Rezession und schlechten wirtschaftlichen Kennzahlen neue Ideen gefragt sind, haben jüngere Politiker erkannt. Ausgerechnet bei den Grünen kam es darüber zum ersten offenen Kampf der Jungen gegen die Alten. Mehr Generationengerechtigkeit wurde gefordert, die Idee der Nachhaltigkeit sollte Einzug in alle Politikbereiche finden.

Wer keine Kinder mehr kriegen kann oder nie welche wollte, braucht sich um die nachfolgende Generation keine Gedanken zu machen. Und die ganze Liebe, deren prominente Grüne wie Rezzo Schlauch oder Claudia Roth fähig waren, galt nur zu gern dem Fremden. Klar, der Bub in Bosnien oder das Mädchen in Afghanistan nerven nicht so wie die Jugendlichen in Mecklenburg-Vorpommern. Überhaupt tut die deutsche Jugend längst nicht das, was sie soll. Angepasst, keine tiefe politische Überzeugung, konsumorientiert, blöd. In dieser Ecke findet sich schnell, wer nach 1970 geboren ist!

Möglicherweise ist es ein ur-deutsches Phänomen, dass sich hierzulande die Mächtigen und Mächtig-sein-Wollenden so schrecklich schwer mit dem Generationswechsel tun. Da müssen die Alten erst verjagt werden, bevor die Jungen eine Chance bekommen. Wer alt ist, das bestimmen allerdings die Amtsinhaber selbst. So hat in Deutschland scheinbar niemand damit ein Problem, dass in der Regierung einige Herren sitzen, die das Rentenalter – das reguläre von 65 Jahren – erreicht haben. Nun verliert man ja mit Erreichen der Pensionsgrenze keinesfalls seinen Verstand; Senior-BeraterInnen leisten in vielen Bereichen des öffentlichen Lebens wertvolle Arbeit. Jedoch verstehen sich diese Menschen in der Regel als Helfer: Sie beraten und unterstützen, um Jüngeren die Übernahme der Verantwortung zu erleichtern.

Was im Business gefördert wird, gilt in der Politik als schlechter Stil. Berufsjugendliche aller Parteien hängen zu sehr an ihren Vergünstigungen, als dass sie freiwillig einige davon aufgäben. Die Folge: Die Mitglieder des Bundestags spiegeln schon lange nicht mehr das Volk wider, dessen gewählte Vertreter sie eigentlich sein wollen und sollen. Auf eine Erneuerung ist kaum zu hoffen. Zu sehr hat sich in allen Parteien das Prinzip des Aussitzens bewährt. Die Kandidaten werden nicht nach Leistung auf die Wahllisten gesetzt, sondern nach »Verdiensten«: Wer lange genug abgewartet hat, ist auch mal dran. Nur ganz selten gelingt es jungen Männern und Frauen, dieses System zu durchbrechen. Meist schafft ein Junior, eine Juniorin den Überraschungssieg erst dann, wenn sich der vorgesehene Kandidat zu viele Feinde im gemeinen Parteivolk gemacht hat.

Klar, dass dieses System von Absprachen, dass der Polit-Klüngel all die ausschließt, die dabei nicht mitspielen können. Gewinner ist der mit dem meisten Sitzfleisch. Auf diese Weise gelingt es im Übrigen auch, unbequeme Berufsgruppen aus der Politik fern zu halten. Wenn Sitzungen stets am frühen Nachmittag beginnen, kann ein Lehrer oder ein Angestellter des öffentlichen Dienstes selbstverständlich teilnehmen. Schon für eine Mitarbeiterin im mittleren Management wird es schwierig, werktags um 17 Uhr zu erscheinen, ganz unmöglich ist es für all die, die als Arbeitgeber Verantwortung für andere übernommen haben – beispielsweise der gern zitierte deutsche Mittelstand.

Was für die allgemeine Politik gilt, betrifft selbstverständlich auch die Frauenpolitik. Wenn junge Frauen heute eine Familienpolitik fordern, die ihre Bedürfnisse ernst nimmt, kommt dies einer Palastrevolte gleich. So geschehen bei den Grünen: Dort griffen die Fraktionsvorsitzenden Rezzo Schlauch (Jahrgang 1947) und Kerstin Müller (Jahrgang 1963) Nachwuchspolitiker scharf an, die das Thema »Familienpolitik« in ihrer eigenen Partei stärker berücksichtigt wissen wollten. Für Schlauch kam allein die Forderung einem Verrat gleich. Kinder seien kein grünes Kernthema, Familie ein »ideologisierter Überbegriff«. Und Kerstin Müller erklärte der verdutzten Parteijugend, dass die Grünen Frauenpolitik machten. Keine Familienpolitik. Aha.

Die Parlamentarische Staatssekretärin im Umweltministerium, Simone Probst, nur fünf Jahre jünger als Müller, befand im »Spiegel«: Man müsse schon »sehr viel ideologischen Ballast mit sich rumschleppen«, dass einem »das Wort Familie nicht über die Lippen geht«. Klar, kann auch nicht, denn für viele der Altvorderen findet ein Leben mit Kindern bestenfalls in der Werbung statt. Und für die kinderlosen Frauen, nicht nur bei den Grünen, muss diese Forderung wie ein Angriff auf den eigenen Lebensentwurf wirken. Wird die Gleichberechtigung der Frauen zurückgedrängt, nur weil von Kindern die Rede ist? Ist Familie ein Thema, das einzig und allein von den so genannten christlichen Parteien bedient werden sollte?

Ein Blick in die Statistik zeigt: Rund 57 Prozent der Bevölkerung leben heute in so genannten Familienhaushalten mit Kindern. Als Familie im Sinne des Mikrozensus gelten Ehepaare und Alleinerziehende mit ledigen Kindern im gleichen Haushalt sowie Ehepaare ohne Kinder und Ehepaare, deren Kinder aus dem Haushalt ausgeschieden sind. Danach gab es Ende der 90er Jahre in Deutschland 22,4 Millionen Familien, darunter 10,3 Millionen Ehepaare mit Kindern, 2,8 Millionen Alleinerziehende und 9,3 Millionen Ehepaare ohne Kinder im Haushalt. Familien – eine Randgruppe?

»Der Familienstand einer Person sagt nur wenig darüber aus, in welchen Beziehungen sie tatsächlich lebt. Denn es können sich unterschiedliche Formen von Partnerschaftsbeziehungen im Lebensverlauf entwickeln. Ledig sein bedeutet nicht notwendigerweise auch allein leben bzw. ohne feste Bindung sein, sondern zunächst nur, nicht verheiratet zu sein. An die Stelle des Ehelebens können andere Lebensformen treten. Dementsprechend ergeben sich auch vielfältige Familien- und Lebensformen für Verheiratete, Geschiedene und Verwitwete.« Eine Analyse der SPD? Mitnichten. Das Zitat stammt aus »Familien in Deutschland. Fakten und Trend« der CDU. Die Konservativen scheinen erkannt zu haben, dass Familien im bürgerlichen Sinn – Vater, Mutter, gemeinsame Kinder – nicht mehr die Regel sind. Ihr Fazit: »Die gelebten Biografien sind höchst unterschiedlich, und diese Entwicklung ist nicht aufzuhalten. Die zunehmende Wahlfreiheit, der Wegfall von traditionellen Bindungen und die Schrumpfung von familiären Beziehungen werden in stärkerem Maße die individuellen Lebensstile prägen.«

Familie im 21. Jahrhundert hat also nur noch wenig mit dem bürgerlichen Ideal der 50er Jahre zu tun. Warum reagieren die angeblich fortschrittlichen Kräfte im Land dann so unwillig auf diese Gruppe?

Frauenpolitik contra Familienpolitik: Mit diesem Problem müssen sich vor allem die Parteien herumschlagen, die sich als Verfechter der feministischen Ideale verstehen. Auf dem Papier glänzen SPD und Grüne mit wunderbaren Vorschlägen. Würden diese Gesetz, befänden sich die deutschen Frauen mit einem Fuß im Paradies. Doch zwischen Theorie und Praxis liegen wieder einmal Welten. Wenn Renate Schmidt, stellvertretende SPD-Vorsitzende, nüchtern feststellt, dass die Deutschen in puncto Familienpolitik vielen europäischen Staaten hinterherhinken, entspricht das einfach nur der Wahrheit. Für ihre Forderung, Familien nicht zum Objekt staatlicher Fürsorge zu machen, sondern ihrer Lebenswirklichkeit entsprechend als herausragende Leistungsträger der Gesellschaft wahrzunehmen, dürfte ihr hingegen der Beifall auch von FDP und CDU sicher sein. Und mit der Erkenntnis, Frauen hätten das Bedürfnis, erwerbstätig zu sein und Kinder zu haben, verkündet sie keine Neuigkeiten. Auch der Zusammenhang zwischen der Geburtenrate eines Landes und der Erwerbsbeteiligung von Frauen ist sattsam bekannt. Deutschland hat mit 1,37 Prozent eine der niedrigsten Geburtenraten innerhalb der EU und gleichzeitig mit 62,0 Prozent eine der niedrigsten Erwerbsbeteiligungen von Frauen vorzuweisen Die Lösungsvorschläge von Renate Schmidt lauten:

1. Erziehung zur gleichberechtigten Partnerschaft,
2. Ausbau der Ganztagsbetreuung von 0–14 Jahren mit Schwerpunkt Tagesschulen und Krippen sowie

3. Bisherige Angebote und Instrumente überprüfen.

Irgendwelche Einwände? Wo die Dame Recht hat, hat sie Recht. Verwundern muss angesichts dieser richtigen Überlegungen nur, dass die rot-grüne Regierung bisher wenig getan hat, solche Forderungen politisch umzusetzen. Sicherlich, es gab die Erhöhung des Kindergeldes um 30 DM, der Erziehungsurlaub heißt jetzt Elternzeit und Vergewaltigung in der Ehe ist nun ein Straftatsbestand. Hier rollte der Fortschritt unaufhaltsam. Trotzdem bleiben Familien in Deutschland die Dummen. Ganz besonders gekniffen: Mütter mit Kind(ern). Frauenpolitik versteht sich im linken Lager nämlich hauptsächlich als Anti-Diskriminierungspolitik. So weit so gut, aber als diskriminiert gelten in dieser Logik ausländische Ehefrauen, Prostituierte, Asylbewerber, die auf Grund ihres Geschlechts politisch verfolgt werden …

Mit den Neuregelungen, die seit 1998 in Kraft getreten sind, haben sich die Frauenpolitiker der Regierungsparteien hauptsächlich auf Nebenkriegsschauplätzen getummelt. Es fehlt der Mut, Sozial- und Steuerrecht radikal zu überarbeiten. Dabei böten diese Felder zahlreiche Ansätze für eine neue Familienpolitik, von der gerade Frauen profitieren könnten.

Viele Politiker fürchten sich allerdings vor grundlegenden Reformen beispielsweise im Steuerrecht. So bevorzugt das steuerpolitische Instrument Ehegattensplitting die Paare, deren Einkommen sehr unterschiedlich sind. Dahinter steht der Gedanke, den Alleinverdiener mit Familie steuerlich zu entlasten. Im Gegenzug bringt dieses Modell Nachteile für Familien, in denen beide Partner arbeiten. Dass es anders geht, zeigt ein Blick nach Skandinavien, wo Paare mit annähernd gleich großen Einkommen von einer Ehegattenregelung im Steuerrecht profitieren.

Im deutschen Rentenrecht wird der Erziehung von Kindern eine Bedeutung zugemessen, die ebenfalls nicht annähernd der gesellschaftlichen Aufgabe entspricht. Reformen hin, Gesetzesänderungen her, um die Frauenrente ist es – zumindest in den westlichen Bundesländern – nicht gut bestellt. Zwar ist der Aufbau einer eigenständigen Alterssicherung für Frauen erklärtes Ziel der Politik, doch bis heute gibt es angesichts der desolaten Betreuungssituation für viele Mütter keine Alternative zur Teilzeitarbeit. Das bedeutet für eine große Gruppe von Frauen, die nicht Vollzeit arbeiten können, finanzielle Einbußen in der Gegenwart – und eine niedrige Rente in der Zukunft.

Was macht Eltern-Sein in Deutschland eigentlich so unhip? An der grundsätzlichen Situation von Müttern hat sich in den vergangenen zehn Jahren wenig geändert. Entweder auf dem Kinderspielplatz verschollen oder gehetzt zwischen Job, Haushalt, Kind-Betreuen unterwegs. Väter dürfen zwar zahlen, sind allerdings auf der Straße zusammen mit ihren Kindern nur selten zu sehen. Beim Kinderarzt oder dem Elternsprechtag fühlen sie sich wie Außerirdische. Und die Kinder? Sind aus dem öffentlichen Leben ganz verschwunden. Mehr als die Hälfte der deutschen Bevölkerung ist zu einer gesichtslosen Masse verkommen, die angeblich nur von einer Zukunft im Reihenhaus träumt oder sich dank staatlicher Förderung auf Jahre hinaus für ein 80-Quadratmeter-Eigenheim verschuldet. Familien, die Spießbürger der Republik?

Allein die konservativen Parteien halten in Treue fest zu den »kleinen Leuten«. Für die Sozialdemokraten sind immer noch Arbeiterfamilien Ziel politischer Bemühungen. Weil das nicht für satte Mehrheiten reicht, schlagen sich die Volksparteien nun um die »Neue Mitte«. Dazu gehören auch Eltern mit Kindern. Familie, das ist immer noch jede/r zweite Deutsche. Familien sind auch die überwiegende Anzahl der Steuerpflichtigen, die mit ihren üppigen Beiträgen das Sozialsystem finanzieren, das nur deshalb so finanziell belastend ist, weil es »Gerechtigkeit« zwischen den unterschiedlichen Gesellschaftsgruppen herstellen soll. Natürlich zu Gunsten der Familien.

Wenn sich Männer wie Rezzo Schlauch abwertend über Familienpolitik äußern, spricht daraus auch Verachtung all denen gegenüber, die sich für einen anderen Lebensstil entschieden haben. Mutter, Vater, Kinder – wenn dieses Modell funktioniert, steht es für Geborgenheit, Verlässlichkeit, Sicherheit. Weil diese Welt gleichzeitig als ganz privat verstanden wird, bietet sie viel Raum für Projektion. In Zeitungsberichten, Fernsehsendungen, Kinofilmen sind Vater, Mutter, Kind häufig Protagonisten für das Gegenbild zur heilen Welt. Vernachlässigung, Frustrationen, Gewalt – das schlimmste Grauen einer angeblich zivilisierten Gesellschaft findet hinter der Haustür statt.

Irgendwo zwischen der glücklichen Familie und dem nackten Grauen gibt es indessen den ganz und gar unspektakulären Alltag von Herrn und Frau Normalbürger. Doch immer, wenn etwas völlig unauffällig zu sein scheint, macht das die Abenteuersucher nervös. Das, was für viele Mütter und Väter das kleine Glück ist – ein gesundes Kind, Zeit miteinander – riecht manchem Weltverbesserer nach Spießigkeit und Langeweile. Und da tun sich die Progressiven dann wirklich schwer. Sich wählen lassen von Spießern, das mag ja noch angehen – niemand hat Einfluss auf den Bürger an der Wahlurne. Aber Politik machen für diese Leute? Bloß nicht!

In der gleichen Zwickmühle stecken die Konservativen. Die wollen ja den Kleinbürger – und der hat bekanntlich gar nichts über für Frauenpolitik und ähnlichen Schnickschnack.

Und so werkeln beide politischen Gruppen fleißig weiter. Die einen ändern nichts, weil Familie nicht ihre Zielgruppe ist. Die anderen sind passiv, weil ihre Zielgruppe »konservative Familie« angeblich keine durchgreifenden Änderungen will. Auf der Strecke bleiben – die Mütter. Aber das sind sowieso nur Frauen.

Thema Öffentlichkeit

Mit welchen Methoden von vielen Problemen abgelenkt wird

Ob ein Thema spannend, aktuell oder wichtig ist, bestimmen nicht länger die Wähler, sondern die öffentliche Meinung. Politik in Deutschland ist heute Sache der Medien, besser: der Fernsehsender. Mit Erfolg übrigens. Denn eine Kamera vor der Nase versetzt den gewöhnlichen Politiker schlagartig in Unruhe. Selbst für ein Interview mit dem Shopping-Kanal wird die Krawatte zurechtgezupft und das Haar geglättet.

Angesichts dieses Verhaltens erscheint das Lamentieren mancher Volksvertreter wie Hohn. Vorzugsweise in den ernsthaften Zeitungen, denen mit viel Blei und wenigen Fotos versteht sich, lässt man/frau sich über die Oberflächlichkeit der Gesellschaft aus. Dass die Öffentlichkeit nur Bilder wolle, aber keine Inhalte. Dass es so schwierig sei, wichtige Informationen in der Länge einer Fernsehmeldung »rüberzubringen«. Trotzdem oder gerade deshalb verbindet Politik und Medien ein enges Band. Das geht so weit, dass im Bundestag immer ein Lämpchen aufleuchtet, wenn Kameras eingeschaltet sind. Denn die Teams hinter der Linse sollen bloß kein Nase-Bohren, Kekse-Naschen, Gähnen für die Öffentlichkeit festhalten. Im Reichstag, dem Sitz des Deutschen Bundestags, ist man sehr stolz auf diese Neuerungen. Schließlich lebten wir in einer Mediengesellschaft, und da wolle man als Parlament nicht zurückstehen.

Was könnte die Öffentlichkeit interessieren? Womit beglücken wir die Info-Elite? Woche für Woche stellen diese Fragen Redaktionen zwischen Hamburg und München vor immer das gleiche Problem: Was sind Nachrichten und über welche berichten wir? Die unter der Regierung Kohl betriebene Ausweitung des Privat-Fernsehens hat in Deutschland nicht zu einer qualitativen Verbesserung der Nachrichtenlage geführt. Wir können zwar täglich Zeuge abstruser menschlicher Verwicklungen sein (»Weil wir im Bett waren, haben wir nur Ärger«) und dürfen jederzeit sehen, wie Politiker mit Politikern diskutieren. Mit Informationen – laut Duden »Belehrung, Aufklärung, Auskunft« – gehen die meisten Fernsehsender allerdings sparsam um. Vermutlich ist das der Grund, warum viele Deutsche zwar ein umfangreiches Fachwissen rund um Notfallmedizin (Krankenhaus-Serien) oder Trivial Persuit (die Multiple-Choice-Orgien der Intelligenztest-Sendungen) besitzen, aber keine Ahnung haben, was die aktuelle Rentenreform für jeden Einzelnen bedeutet.

Zugegeben, dieser ganze juristische Kram ist ja auch nicht sexy. Wer über Eckrentner spricht oder Steuerrecht verkaufen will, macht keine Schlagzeilen. Selbst ein sensationelles Urteil, wie die Entscheidung des Bundesverfassungsgerichts zur Benachteiligung von Familien mit Kindern, ist nur wenige Tage Medienthema. In kleinen Bröckchen gilt es Politik zu verkaufen. Zunächst einmal braucht es Bilder – am besten solche, die einen selbst gut aussehen lassen. Mit Hilfe von Agenturen werden wirre Hitzköpfe zu kompetenten Bedenkenträgern. Selbst Inhalte lassen sich auf diese Weise häppchenweise kommunizieren. Dass dabei manche Kampagne bemüht statt weltläufig wirkt, liegt in der Natur der Sache. Bonn ist nicht New York und ein Ministerium für Familie, Senioren, Frauen und Jugend kein Unternehmen mit globalem Anspruch. Darum verpuffen viele Aktionen irgendwo auf Behördenfluren. Aber mit Kampagnentexten wie dem folgenden lässt sich nun einmal kein

Kreativ-Oscar gewinnen. »Auf geht's zum Ideenwettbewerb ›Mein Papa und ich‹. Das Bundesministerium für Familie, Senioren, Frauen und Jugend und der Verein Mehr Zeit für Kinder starten einen gemeinsamen Wettbewerb. Insbesondere Väter werden aufgerufen, über ihre Rolle in der Familie zu berichten. Dabei können sie sich natürlich von ihren Kindern unterstützen und inspirieren lassen.«

Es ist schade, dass auf diese Weise gute Ideen verpuffen. Schlimmer noch. Aus Angst, langweilig zu wirken, nehmen sich viele Politiker komplizierterer Themen nicht mehr an, vertrauen lieber auf die Vorlagen aus den Verwaltungen. Selbst Urteile des Verfassungsgerichts erhalten auf diesem Weg nur langsam Einzug in den politischen Alltag. Wenn sich Politik so verhält, verzichtet sie darauf zu gestalten. Familienpolitik beispielsweise beschränkt sich auf die Verteilung von Geld. Engagement haben die Partner der Regierung Schröder in anderen Bereichen gezeigt, solchen, die den Medien schräge Bilder lieferten, wie die Diskussion um die eingetragene Lebenspartnerschaft.

Um Missverständnissen vorzubeugen: Es kann nicht darum gehen, homosexuelle Männer und Frauen zu diskriminieren. Zur persönlichen Freiheit gehört auch die freie Entscheidung über sexuelle Präferenzen. Und dass in einer demokratischen Gesellschaft alle Bürger Rechtssicherheit fordern, ist selbstverständlich. Aber eigentlich sollte gelten: Gleiches Recht für alle! In modernen Gesellschaften gibt es viele verschiedene Lebensformen, die nebeneinander bestehen, Anerkennung und Teilhabe wollen. Viele Menschen treffen eine eigene Entscheidung, wie sie ihr soziales Leben gestalten wollen. Es gibt Singles, allein lebende Mütter/Väter mit Kindern, unverheiratete Paare, die mit seinen, ihren oder gemeinsamen Kindern zusammenleben.

Unter deutschen Dächern leben – häufig friedlich neben-, manchmal sogar miteinander – gleichgeschlechtliche Paare und

Eheleute. Der Blick aufs Klingelschild eines Mehrfamilienhauses in einer Großstadt gibt schon längst keinen Aufschluss mehr darüber, ob sich hinter den Doppelnamen die Mitglieder einer Wohngemeinschaft, einer Ehe, einer gleichgeschlechtlichen Partnerschaft, eines Elternteils mit seinem Kind oder einer »wilden Ehe« verbergen. Das Familienrecht, obwohl vielfach geändert, hat mit dieser neuen Vielfalt nicht ganz Schritt gehalten. In der Vergangenheit fanden sich viele Beziehungsformen außerhalb des Gesetzes wieder. Ob Krankenversicherung oder Steuerrecht, ob Auskunftsrechte im Krankheits- oder Todesfall – Paare ohne Trauschein werden vom Gesetz als Einzelpersonen betrachtet. Sie können also als Paar bestimmte Vorteile, die der Staat Verheirateten gewährt, nicht in Anspruch nehmen. Auf der anderen Seite wird im Sozialrecht genau überprüft, ob gegebenenfalls eine eheähnliche Lebensgemeinschaft vorliegt. Unverheiratete Paare können sicher sein, dass sie wie ein »Ehepaar« behandelt werden, wenn der Staat zahlen soll. Bei der Sozial- oder Arbeitslosenhilfe oder beim Wohngeld wird genau überprüft, ob es möglicherweise einen Partner gibt, der den Hilfesuchenden unterstützt. Die Rechte von Verheirateten werden »wilden Ehen« allerdings nicht zugestanden. In der Praxis kann das bedeuten: Einem Mann wird aufgrund des Einkommens seiner Partnerin zwar die Arbeitslosenhilfe verweigert. Wird er nach einem Unfall ins Krankenhaus eingeliefert, erhält sie als Nicht-Ehefrau allerdings keine Auskünfte über seinen gesundheitlichen Zustand.

Juristisch gesehen hat also jedes unverheiratete Paar mit zahlreichen Hürden zu kämpfen. Das Argument, dieser Zustand ließe sich durch eine Ehe leicht korrigieren, stimmt auch für Heterosexuelle nur bedingt. Dass Männer und Frauen unverheiratet zusammenleben, kann für das einzelne Paar durchaus plausible Gründe haben. Einer der häufigsten: das liebe Geld. Witwen und Witwer verlieren bei einer Wiederverheiratung ihre Rentenansprüche. Für ältere Frauen ein wichtiges Argument, den Gang zum Standesamt abzulehnen. Ein Kalkül mit Tradition, schon in der Nachkriegszeit war die so genannte Onkel-Ehe gang und gäbe.

Scheidungen sind teuer. Selbst bei prinzipieller Einigkeit beider Partner kostet die amtliche Trennung schnell ein paar tausend DM. Daher bleiben viele Paare verheiratet, auch wenn sie de facto nicht mehr zusammenleben. Eine Beziehung zu einem neuen Partner kann dann aber nur »illegitim« sein. So gesehen haben alle unverheirateten Paare mit zahllosen juristischen Tücken zu kämpfen. Dennoch richtete sich die geballte Aufmerksamkeit der Öffentlichkeit auf die Homosexuellen. Endlich sollten Schwule und Lesben die gleichen Rechte haben wie andere Männer und Frauen. Und mit diesem Stichwort hatten dann alle ihren großen Auftritt.

Die Konservativen: Für sie kommt jeder Versuch, andere Lebensformen als die Ehe zu dulden, einem Brutalangriff auf unsere Verfassung gleich. Gleichzeitig will man sich im Lager von CDU und CSU den Anstrich einer modernen, zukunftsorientierten Politik geben. So meint der CDU-Bundesvorstand: »Homosexuelle Menschen und Lebensgemeinschaften haben in unserer Gesellschaft Anspruch auf Nichtdiskriminierung, Achtung und Nichtausgrenzung. Wo insofern Defizite bestehen, sind dies in aller Regel nicht Fragen des Rechts, sondern des alltäglichen Umgangs in der Gesellschaft ... Es macht keinen Sinn und ist nicht im Interesse der Gesellschaft, denjenigen, für die Ehe und Familie aufgrund ihrer sexuellen Orientierung als Lebensform nicht in Frage kommen, die Chance einer bürgerlichen Existenz und eines würdigen und erfüllten Lebens zu erschweren.«

Aber nach Meinung der Konservativen trägt die Verfassung »dem Staat nicht nur eine Schutzpflicht für Ehe und Familie auf; sie stellt diese vielmehr ausdrücklich unter den ›besonderen‹ Schutz der staatlichen Ordnung (Art. 6, Abs. 1 GG). Besonderer Schutz setzt eine exklusive Rechtsform voraus. Das bedeutet, dass Rechtsfolgen der Ehe nicht unter bloß anderer Bezeichnung auf andere

Lebensformen übertragen werden dürfen. Die verfassungsrechtliche Pflicht des Staates zu besonderem Schutz und Förderung von Ehe und Familie wird auch dadurch beeinträchtigt, wenn die zur Förderung von Ehe und Familie eingesetzten staatlichen Mittel bei gleicher Höhe durch breitere Verteilung auf andere Empfänger vermindert würden.«

Die Schlussfolgerung dieser Gedanken präsentiert die CDU in ihrem Programmentwurf für eine moderne Familienpolitik: »Wir respektieren die Entscheidung von Menschen, die in anderen Formen der Partnerschaft ihren Lebensentwurf zu verwirklichen suchen. Wir anerkennen, dass auch in solchen Beziehungen Werte gelebt werden können, die grundlegend sind für unsere Gesellschaft.

Dies gilt für nicht-eheliche Partnerschaften zwischen Frauen und Männern. Dies gilt für gleichgeschlechtliche Partnerschaften. Wir werben für Toleranz und wenden uns gegen jede Form von Diskriminierung. Wir wollen prüfen, welche rechtlichen Hindernisse, die dem gemeinsamen Leben und der gegenseitigen Fürsorge im Wege stehen, beseitigt werden können.

Eine rechtliche Gleichstellung dieser Lebensgemeinschaften mit der Ehe lehnen wir ebenso ab wie die Schaffung eines eigenen Rechtsinstitutes.«

Familie ist nach Meinung der CDU überall da, wo Kinder leben. Daher kann man in der CDU zwar um Toleranz werben. Wer indessen unverheiratet oder geschieden ist, sollte besser nicht zu sehr auf Unterstützung durch die CDU setzen.

Die Liberalen konnten sich für das Konstrukt »eingetragene Lebenspartnerschaft« ebenfalls nicht begeistern, vor allem wegen der Regelungswut des neuen Gesetzes. Dazu die FDP: Wir setzen »grundsätzlich auf den freien Willen der Partner und (geben) ihnen größtmögliche Gestaltungsfreiheit. Nur dort, wo der Staat gefragt ist, wird die bisherige Gesetzgebung einem modernen, gesellschaftlich breit akzeptierten Verständnis von gegenseitiger Verantwortung der Partner angepasst. In unserem Gesetzentwurf fordern wir rechtliche Änderungen überall dort, wo der Gesetzgeber zwingend gefordert ist, so z.B. beim Zeugnisverweigerungsrecht, im Erbrecht, im Erbschaftssteuerrecht und im Ausländerrecht. Daneben geben wir den Partnern alle Freiheit der individuellen vertraglichen Gestaltung ihrer Partnerschaft, wo dies möglich ist. Diese Kombination aus gesetzlicher Regelung und vertraglicher Freiheit, die den verfassungsrechtlich besonderen Schutz von Ehe und Familie respektiert, ist am besten geeignet, einen breiten gesellschaftlichen Konsens herzustellen.«

So weit, so liberal. Ein solches Gesetz hätte Vorteile für alle nicht-ehelichen Partnerschaften gebracht. Aber, großes Aber: Es erschien den Mitgliedern der rot-grünen Regierung nicht weitreichend genug!

Gerade die Grünen hatten sich bei ihrer Klientel weit für die Akzeptanz der Homosexuellen-Ehe aus dem Fenster gelehnt. Nicht etwa ihrer schwulen Mitglieder, sondern der öffentlichen Aufmerksamkeit wegen. Mit Randgruppenpolitik vom Alltag ablenken, lautete die Devise: Berliner SPD und Grüne zogen mit »offen homosexuell lebenden« KandidatInnen in den Wahlkampf, Spitzenpolitiker tummeln sich auf jeder deutschen Feier zum Christopher Street Day. Ob Köln, Berlin oder Hamburg – in vielen Städten wird es als großer Sieg der Politik gefeiert, dass einmal jährlich die Regenbogenfahne vor den Rathäusern gehisst wird.

Gleichzeitig arbeiteten die Verwaltungsfachleute in Berlin mit typisch deutscher Gründlichkeit. Über 150 Gesetze sollten für das Gesetz über die eingetragene Lebenspartnerschaft geändert und angepasst werden, darunter so diskriminierende wie das Bundeskleingarten-Gesetz, die Ausbildungs-Prüfungsverordnung für Diätassistenten, Masseure und medizinische Bademeister sowie das Schornsteinfeger-Gesetz.

Jede Menge Unterstützung erfahren »verpartnerte« schwule Paare auch von den Gewerkschaften. Voller Stolz verkündeten Ver.di und IG Metall, dass sie sich für gleichgeschlechtliche Lebenspartnerschaften einsetzen wollen. So fordern die Gewerkschaften Sonderurlaubsregelungen: Bis zu vier freie Tage soll es für die Partnerin/den Partner geben, wenn diese/r bei Krankheit pflegebedürftig ist. Auch bei Sozialplänen sollen eingetragene Partner künftig besser dastehen, sprich: Bei drohenden Entlassungen zählten dann die Unterhaltsverpflichtungen gegenüber dem Partner als Hinderungsgrund für eine Kündigung.

Interessanterweise wurde über diese Fragen schon diskutiert, bevor überhaupt feststand, ob bei Ver.di und IG Metall offen schwule Mitglieder vertreten und diese an solchen Segnungen interessiert sind. Denn angesichts der öffentlichen Euphorie über lesbische Brautpaare und eingetragene Männerfreundschaften fanden sich viele Schwule und Lesben plötzlich im Blickpunkt einer Öffentlichkeit, die von ihnen nicht unbedingt gewünscht wird. Hochzeitskuchen und Subkultur passen für viele einfach nicht zusammen.

Deutschland, schwules Vaterland? Nach der Politik entdeckte die Werbung homosexuelle Paare. Selbst die CDU versteckt ihre »Lesben und Schwulen in der CDU« nicht länger. Zur Freude der Gay Community, die neben Managern, Apothekern, Ärzten und Journalisten die konservativen Brüder und Schwestern eng ans Herz drückt …

Familienpolitik reduziert auf die Bedürfnisse schwuler Väter und lesbischer Mütter, der Familiengedanke begründet mit der eingetragenen Partnerschaft. So zumindest argumentierte die grüne Fraktion, die behauptete, dass das neue juristische Konstrukt die Menschen stütze, die Verantwortung füreinander übernehmen wollten. Die schwule Ehe als Verfassungsauftrag?

Wer nicht in den Jubel einstimmt, findet sich in Deutschland schnell in der rechten Ecke wieder. Zweifel am neuen Gesetz sind eigentlich nicht zulässig. Auch wenn viele Kritikpunkte der eingetragenen Lebenspartnerschaft nicht ausgeräumt wurden, hat Deutschland jetzt eine Art »Ehe light« – für gleichgeschlechtliche Paare. Damit wird der rechtliche Status der »normalen« Ehe ausgehöhlt.

Eine Frage bleibt hier im Raum: Warum müssen ein Mann und eine Frau eigentlich erst heiraten, um in der Krankenversicherung die Vorteile der Familienversicherung in Anspruch nehmen zu können? Mann und Mann bzw. Frau und Frau werden diese Rechte zugestanden, ohne von ihnen die weitergehenden Pflichten zu verlangen, die für heterosexuelle Eheleute gelten. Zwar sind alle Paare während ihrer Ehe/Lebenspartnerschaft zum gegenseitigen Unterhalt verpflichtet. Doch wenn die Beziehung scheitert, stehen schwul-lesbische Paare deutlich besser da. Sie können einfach einen Antrag auf Auflösung der eingetragenen Lebenspartnerschaft stellen. Für Ehepaare folgt nach dem Scheitern der Ehe ein Scheidungsverfahren, das teuer werden kann.

Für die schweigende Masse bleibt angesichts dieser Ungleichbehandlung ein schaler Beigeschmack. In einem liberalen Land ist es selbstverständlich, Minderheiten Schutzräume zu gewähren. Das sieht auch das Grundgesetz vor. Kritik muss erlaubt sein, wenn sich der Eindruck aufdrängt, für Randgruppen werde alles, für Mehrheiten gar nichts getan. Familien oder Frauen müssen nicht bedauert werden. Sie sind keine beklagenswerten Opfer, sondern kommen in der Regel ganz gut mit ihrer Situation zurecht. Allerdings dürfen Eltern ähnliche Rechte wie beispielsweise Industrieunternehmen verlangen. Die Rahmenbedingungen müssen stimmen, damit die Entscheidung für Kinder keinen sozialen Abstieg bedeutet. In diesem Punkt könnte die Politik ruhig mehr Öffentlichkeit fordern. Die Eltern übrigens auch. Denn schließlich haben in einem demokratischen Land alle Bürger die gleichen Rechte.

Mädchen heiraten ja doch

Der Stellenwert weiblicher Erwerbsarbeit

Wissenschaftler wissen: »Traue keiner Statistik, die du nicht selbst gefälscht hast.« Selbstverständlich lassen sich nackte Zahlen schönreden. Immer. Angesichts der Daten zur Bevölkerungsentwicklung braucht es einen allerdings gehörigen Optimismus, um hier einen Umkehrtrend erkennen zu wollen. Denn die Deutschen werden erstens immer älter und bekommen zweitens immer weniger Kinder. Jede dritte deutsche Frau unter 35 Jahren ist heute kinderlos. Wo Feministinnen wie Alice Schwarzer einen Gebärstreik sehen, retten sich die Traditionalisten mit Zahlenspielen. Häufigstes Argument: Frauen bekommen ihre Kinder heute eben einfach später. Schwangerschaften mit 40 seien kein Problem mehr, ältere Mütter sowieso die besseren, weil sie sich bewusst für ihr Kind entschieden.

Tatsächlich sind die deutschen Frauen bei der Geburt ihrer ersten Kinder deutlich älter als ihre Mütter oder Großmütter. 30 Jahre zählt die Erstgebärende, Tendenz: alternd. Wer allerdings darauf spekuliert, mit vierzig in den Kreißsal geschoben zu werden, braucht jede Menge biologisches Glück. Denn die Statistiken der Geburtshelfer beweisen, dass es für frau ab dreißig schlecht aussieht, auf natürlichem Wege schwanger zu werden. Ab Mitte dreißig bleibt für viele nur der Weg ins »Fertility Center«, zu deutsch Fruchtbarkeitszentrum, oder zu einem Arzt mit den medizinischen Schwerpunkten Reproduktionsmedizin. Spätestens in der Kinderwunschsprechstunde werden viele Frauen von der grausamen Wahrheit eingeholt, dass ihnen zwar niemand ihre Lebensjahre ansieht, sie biologisch gesehen jedoch schlicht zu alt sind, um Kinder zu bekommen. Und dann relativieren sich Aussagen von Alice Schwarzer, die felsenfest behauptet, dass Frauen nur die Kinder bekommen, die sie auch wirklich wollen. Denn wollen tun viele schon, medizinisch gesehen nur zum falschen Zeitpunkt.

Wenn 40 Prozent der Akademikerinnen kinderlos bleiben, steht dahinter nicht in jedem Fall eine aktive Entscheidung. Gynäkologen haben leicht reden, wenn sie sagen, dass Mutterschaft zwischen 20 und 25 ideal sei. Mit zwanzig macht in Deutschland manch eine erst ihr Abitur, erst dann folgt das Studium, nicht unter sechs Jahren, plus Prüfungen. Theoretisch, denn auch hier zeigt die Statistik einen anderen Trend. Im Schnitt sind Hochschulabsolventen 28,2 Jahre, Fachhochschulabsolventen 27,9 Jahre alt, wenn sie die Voraussetzungen für den Berufseinstieg erfüllen und wirtschaftlich auf eigenen Füßen stehen können. Im EU-Vergleich sind deutsche Hochschulabsolventen ca. drei Jahre älter als ihre Kommilitonen im europäischen Ausland. Außerdem fordern Arbeitgeber im Zeitalter der Globalisierung Auslandserfahrungen und Praktika – mit Kind nicht zu machen. Da ergeht es jungen Müttern nicht anders als älteren. An Hochschulen und Universitäten sind Hortplätze und Kindergärten genauso knapp wie im Rest der Republik.

Und so wiegen sich junge Frauen zunächst in der gleichen Sorglosigkeit wie junge Männer. Beinahe 90 Prozent der Jugendlichen und jungen Erwachsenen wünschen sich zukünftig Kinder, so die Shell-Studie 2000. Dass dennoch knapp ein Drittel der Frauen keine Kinder bekommt, kann nicht allein biologische Ursachen haben. Vorsichtig formuliert: Könnten – möglicherweise – die gesellschaftspolitischen Rahmenbedingungen Ursache für den Kinderrückgang sein?

Berufliche Ziele lassen sich in Deutschland schlecht mit Mutterschaft unter einen Hut bringen. Ganz konsequent sagen sich viele Akademikerinnen, dass sie nicht »auf Hausfrau« studiert haben. Das bringt Politik und Wirtschaft in eine arge Zwickmühle. Denn Frauen werden leider doppelt gebraucht: sowohl als Mütter für zukünftige Generationen als auch als qualifizierte Arbeitnehmerinnen. Diese Erkenntnis setzt sich in Deutschland allerdings nur langsam durch. Dabei sollten angesichts der Zahlenlage die Alarmglocken laut schrillen.

Welche Folgen der Rückgang der Bevölkerung mit sich bringt, kann in Mecklenburg-Vorpommern schon heute besichtigt werden. Dort sank die Zahl der Einwohner seit 1990 um zehn Prozent. Schulen wurden geschlossen, in Teilen des Landes fehlen Ärzte, weil die ansässigen Allgemeinmediziner keine Nachfolger für ihre Praxen finden, ganze Landstriche veröden. Nach Ansicht von Experten trifft die Entvölkerung in Deutschland besonders Regionen, die schon heute auf wirtschaftlich schwachen Füßen stehen. Folge: Ökonomisch erfolgreiche Regionen wie zum Beispiel Bayern oder Baden-Württemberg werden in Zukunft noch stärker, schwache verlieren weiter an Bedeutung.

Knapp vier Millionen Arbeitslose sind für viele Anzeichen dafür, dass es genügend Arbeitnehmer und zu wenig Arbeit gibt. Daher haben all jene, die mehr Arbeitsplätze für Frauen fordern, hierzulande einen schlechten Stand. Denn solange der Versicherungs-Sachbearbeiter um seinen Job zittern muss, solange wird kein Mann die Notwendigkeit von Arbeitsplätzen einsehen, die den Bedürfnissen von Frauen entsprechen. Frauen in Deutschland, das lehrt die Geschichte, werden nach (männlichem) Bedarf eingesetzt ... Am Arbeitsplatz geduldet, wenn die Wirtschaft boomt, zu Hause besser aufgehoben, wenn's bergab geht. Kein Wunder, dass angesichts aktueller düsterer Wirtschaftskennzahlen auch das Verständnis für berufstätige Mütter sinkt (falls es den jemals vorhanden war).

Besonders zu spüren bekamen das die Frauen in den neuen Bundesländern nach der Wiedervereinigung. In der ehemaligen DDR waren Frauen erwerbstätig, sie hielten sich für gleichberechtigt, waren von Männern ökonomisch weitgehend unabhängig. Das machte die DDR zwar nicht zu einem Paradies für Arbeiterinnen und Bäuerinnen – auch die Ost-Frauen durften neben ihrem normalen Job die typische Hausfrauenarbeit erledigen. 40 Jahre Sozialismus reichten nicht aus, um Männer an die Bügelbretter zu bekommen. Doch zumindest als Mutter konnte sich die DDR-Bürgerin auf ein umfangreiches Betreuungsangebot für ihre Kinder verlassen.

Mit der Wende kam der Zusammenbruch der ostdeutschen Industrie – und damit die Massenarbeitslosigkeit. Plötzlich wurden Männer und Frauen zu erbitterten Konkurrenten um die wenigen Arbeitsplätze und Arbeitsbeschaffungsmaßnahmen. Da gleichzeitig zahlreiche Kindergärten und Horte geschlossen wurden, standen viele Mütter vor dem beruflichen Aus. Wie arbeiten, wenn keiner die Kinder betreut? Jüngere Frauen zogen die Konsequenz. Anfang der 90er Jahre ging in allen neuen Bundesländern die Geburtenquote dramatisch zurück. Von den Politikern beachtet, aber nicht wirklich verstanden. Die damaligen Herren und wenigen Damen in Bonn glaubten nämlich, durch Kopf-Prämien und Erziehungsgeld ließen sich Frauen zur Mutterschaft überreden.

Das Projekt ist gescheitert, und damit letztlich ein durch und durch deutscher Sonderweg. Hierzulande glaubt man immer noch, das traditionelle Familienmodell habe auf Dauer Bestand. Die Regierung Kohl war bis zum Schluss davon überzeugt, in den neuen Bundesländern würden die Frauen in ihre Küchen zurückkehren, wenn man sie ihnen nur hübsch genug einrichtete. Viel weiter ist die CDU trotz einer weiblichen Vorsitzenden auch im 21. Jahrhundert nicht gekommen. Damit stehen die Konservativen nicht allein. In den Köpfen vieler BürgerInnen ist noch immer das Bild verankert, Erwerbsarbeit von Frauen sei mit Muttersein nicht zu vereinbaren.

Diese Ignoranz brachte der Bundesrepublik handfeste ökonomische Nachteile, wie ein Blick auf die Sozialversicherung zeigt. Das gesamte System beruht auf der irrigen Annahme, zwischen den Generationen und Geschlechtern bestehe eine Art Vertrag. Zwar wird jeder Arbeitnehmer Monat für Monat gezwungen, in dieses System Geld zu zahlen. Von einem Ausgleich oder gar von Gerechtigkeit kann hier jedoch nicht die Rede sein. Weil gleichzeitig immer weniger Menschen für eine immer größere Gruppe arbeiten müssen, steht beispielsweise die gesetzliche Rentenversicherung kurz vor dem endgültigen Kollaps.

Das werden dann zum Beispiel die Ehepaare zu spüren bekommen, bei denen die Frau auf eine Berufstätigkeit verzichtete, um drei oder mehr Kinder zu erziehen. Im Alter gibt es für diese Arbeit nur eine Mini-Rente – wenn überhaupt. Leben muss das Paar also allein von der Altersrente des Mannes und den eigenen Ersparnissen. Riester sei Dank! In der Regel können Eltern jedoch nicht allzu viel Geld beiseite legen. Das Risiko Altersarmut sichert dann die Solidargemeinschaft ab. Es wird unter Umständen Sozialhilfe gezahlt, die öffentliche Hand übernimmt die Kosten für Pflege oder Behandlung von Krankheiten.

Unter dem Blickwinkel Generationengerechtigkeit darf die Frage erlaubt sein, ob es nicht sinnvoller ist, Geld in die Betreuung von Kindern zu investieren. Diese Ausgaben lassen sich zeitlich klar begrenzen – mit drei ist ein Kind der Krippe entwachsen, mit sechs kommt es in die Schule, die dauert maximal 13 Jahre. Leider hat sich die reiche Bundesrepublik 25 Jahre lang den Luxus geleistet, Frauen als unbezahlte Arbeitskräfte zu betrachten. Eine Vorstellung, die jüngere Frauen zurückweisen. Sie haben begriffen, dass Unabhängigkeit damit beginnt, für sich selbst sorgen zu können. Und diese Freiheit geben gut verdienende Frauen nicht deshalb auf, weil sie im besten gebärfähigen Alter sind.

Hat eine Frau in Deutschland also nur zwei Möglichkeiten: entweder Mutter oder Berufstätige? Zumindest hochqualifizierte Frauen müssen hierzulande eine solche Entscheidung treffen. Medienwirksam werden zwar in dieser Republik Hochschulabsolventen gesucht, doch diese sollen vor allem männlich sein. Das beweist zum Beispiel eine Untersuchung zum Berufseinstieg junger Akademikerinnen, die 1998 an der Hochschule für Technik, Wirtschaft und Kultur (HTWK Leipzig) ihren Abschluss gemacht haben. Trotz besserer Abschlussnoten hatten die jungen Frauen deutlich schlechtere Chancen als Männer: Ihre Stellenfindung dauerte länger, sie landeten häufiger in Teilzeit- und/oder befristeten Stellen, und ihr Einkommen lag drastisch unter dem der männlichen Absolventen. Offensichtlich bestimmte die Geschlechtszugehörigkeit (übrigens noch vor dem eigentlichen Beruf!) die schlechteren Startbedingungen der Frauen ins Erwerbsleben.

Anscheinend versetzt es Personalleiter noch immer in Panik, wenn sie eine Stelle mit einer Frau im gebärfähigen Alter besetzen sollen. Wer weiß, vielleicht wird die Frau ja noch in der Probezeit schwanger, und dann wird man sie nie wieder los ... Dann lieber eine männliche Lusche einstellen. Doch die reine Männerwelt lässt sich in manchen Branchen nicht länger aufrechterhalten. Selbst mit der zweiten und dritten Garnitur männlicher Akademiker lassen sich die frei werdenden Stellen nicht mehr besetzen. Eine Chance für Frauen? Hierzulande hat man schon in der Vergangenheit lieber ausländische Arbeitskräfte angeworben als die Erwerbstätigkeit von Frauen unterstützt. In dieser Tradition steht auch die Greencard-Aktion der Bundesregierung.

Hunderttausende wurden investiert, nur damit eine begrenzte Anzahl von ausländischen Experten ins Land gelockt werden. Mit ein paar Änderungen im Aufenthaltsrecht und ein paar behördlichen Anweisungen wurde die Bundesrepublik auf ausländerfreundlich getrimmt. Medienwirksam wurde der erste »Inder« in Deutschland begrüßt, während ein paar Flugsteige weiter die nichteuropäischen AbsolventInnen deutscher Hochschulen in eine Maschine gen Heimat klettern durften. Trotzdem gelang es nicht, Computerspezialisten davon zu überzeugen, dass es ganz klasse ist, für fünf Jahre nach Deutschland zu kommen. Ausländische Spezialisten sind nämlich von den Vorzügen unseres Landes nicht so angetan, wie national gesonnene Politiker glauben. In den USA haben qualifizierte Zuwanderer mehr Rechte, verdienen mehr Geld, zahlen weniger Steuern – und können damit rechnen, die US-Staatsbürgerschaft oder ein dauerhaftes Bleiberecht zu erhalten. Dennoch geriet der aufrechte Süden der Republik angesichts einer möglichen Invasion von »Indern« in helle Aufregung. Selbstverständlich möchte man seinen Hightechfirmen nur beste Rahmenbedingungen geben, selbstverständlich sollen Forschungsaufträge mittels ordentlicher Subventionen im Land gehalten werden, darf auch mal ein Ausländer in München oder Stuttgart studieren. Doch bitteschön, müssen die Leut denn hier bleiben? Es gibt doch noch die Frauen. Natürlich hat das nie jemand so gesagt! Doch wenn CSU und CDU sich plötzlich darin überschlagen, Zukunftspläne, Positionspapiere, Strategiekonzepte für die Vereinbarkeit von Familie und Beruf zu entwerfen, könnte ein unbeteiligter Beobachter zu dem Schluss kommen: Bevor Ausländer in Deutschland arbeiten dürfen, erlauben wir es lieber den Frauen – sogar wenn sie Mütter sind.

Nun ist es ja beileibe nicht so, dass die deutschen Frauen mehrheitlich zu Hause sitzen und Deckchen häkeln. Frauen stellen 43 Prozent aller Berufstätigen. Die Erwerbsquote der Frauen (= Anteil der Summe aller Erwerbstätigen plus Arbeitslose im erwerbsfähigen Alter von 15 bis 65 Jahren) lag 1998 in Westdeutschland bei 61,1 Prozent. In Ostdeutschland liegt diese Quote höher, nämlich bei 73,5 Prozent. Die Erklärung für die Differenz liefert die Bundesanstalt für Arbeit: »Erwerbsarbeit hat für Frauen in den neuen

Ländern nach wie vor einen hohen gesellschaftlichen Stellenwert. Kinder sind in der Regel kein Hinderungsgrund, denn die Versorgungsdichte mit Kinderbetreuungseinrichtungen ist auch heute noch deutlich größer als im Westen, und die gesellschaftliche Akzeptanz dafür ist größer. So sind die Erwerbsquoten von Frauen der mittleren Altersjahrgänge ausgesprochen hoch geblieben. Daneben sind vor allem wirtschaftliche Notwendigkeiten von Bedeutung. Gesunken sind allerdings die Erwerbsquoten jüngerer Frauen unter 25 Jahren. Ihre Erwerbsquoten liegen inzwischen rd. 10 Prozentpunkte unter denen ihrer männlichen Altersgenossen. Auch als Reaktion auf den angespannten Ausbildungsstellenmarkt verbleiben junge Frauen häufiger an weiterführenden oder berufsbildenden Schulen und an Hochschulen.« Dies und weitere Details unter www.arbeitsamt.de., Stichwort Services.

Noch einmal langsam, damit die Aussagen der Bundesanstalt ganz deutlich werden: Frauen arbeiten aus »wirtschaftlichen Notwendigkeiten« und »Erwerbsarbeit hat für Frauen in den neuen Ländern nach wie vor einen hohen gesellschaftlichen Stellenwert«. Frauen arbeiten demnach, weil sie ihren Lebensunterhalt verdienen müssen. Und in den neuen Bundesländern findet dies niemand verwerflich. Wohl ganz im Gegensatz zu den Mitarbeitern der Bundesanstalt für Arbeit. In deren Augen sollte eine Frau anscheinend nicht aus »wirtschaftlichen Notwendigkeiten« arbeiten gehen. Sondern aus Spaß oder zur Selbsterfahrung oder um neben den eigenen vier Wänden mal etwas anderes zu sehen. Dies müssen alles Gründe sein, warum Männer erwerbstätig sind. Wirtschaftliche Notwendigkeit wird bei männlicher Erwerbsarbeit nämlich nie explizit erwähnt. Diese Triebfeder scheucht scheinbar nur Frauen in die Betriebe, und das allein im Osten.

In den fünf neuen Bundesländern hat weibliche Erwerbsarbeit einen hohen gesellschaftlichen Stellenwert, wie die Bundesanstalt für Arbeit verkündet. Man(n) findet es gut so, wenn Frauen für sich selbst sorgen können. Mehr noch: Die Frauen im Osten sind darüber hinaus sogar ehrgeizig! Anders ist es wohl kaum erklärbar, dass sie lieber länger zur Schule oder Hochschule gehen, als sich als arbeitslose Jugendliche registrieren zu lassen. Und qualifizierte Arbeitskräfte braucht das Land doch, oder?

Interessant ist außerdem, was die Bundesanstalt für Arbeit in ihrer Analyse nicht deutlich sagt, aber zu meinen scheint: Weibliche Erwerbsarbeit hat in den alten Bundesländern keinen hohen gesellschaftlichen Stellenwert. Bleibt die Frage, wer angesichts solch bornierter Stellungnahmen berechtigter ist, in Nürnberg kräftig aufzuräumen: Ostfrauen, die von der Bundesanstalt für Arbeit für dumm erklärt werden, weil sie selbstverständlich arbeiten. Oder Westfrauen, weil ihnen tatsächlich noch immer unterstellt wird, die Erlaubnis zur Berufstätigkeit sei ein Geschenk der Männer an die Gattinnen. Damit sie mal ein bisschen was erlebt …

Andererseits: Wenn die Bundesanstalt für Arbeit als die oberste Hüterin bundesdeutscher Erwerbstätigkeit davon ausgeht, dass Arbeit für Frauen im Westen keinen hohen Stellenwert hat, muss in dreißig Jahren Emanzipation etwas völlig falsch gelaufen sein. Der Satz von der Frau, die arbeiten will, aber nicht muss, fällt ja nicht nur in Millionärskreisen. Im Gegenteil. Große Teile der Konservativen in SPD und CDU legen Wert darauf, dass Hausfrau-Sein auf Zeit ein erstrebenswertes Lebensziel für jede Frau darstelle. Man möge doch solche Frauen nicht verurteilen, heißt es immer wieder. Muss man auch nicht, aber fragen nach dem Preis darf frau doch wohl.

Gerade in Deutschland wurden Frauen gern als industrielle »Reservearmee« eingesetzt. So wie jede Generalität ihre schlecht ausgebildeten Soldaten ins feindliche Feuer schickt, um die wertvolleren Truppen zu schützen. Unter den Nationalsozialisten haben Frauen gearbeitet, obwohl doch angeblich Mutterschaft das erklärte Lebensziel war. Die Frauen durften also an die Fließbänder und auf die Felder – nicht jedoch als Ärztin oder Juristin arbeiten. Nach dem Zweiten Weltkrieg hieß es erst Enttrümmerung, dann: zurück ins traute Heim. Frauen in den 50er Jahren wurde zwar eine (kurze) Ausbildung zugestanden, an Karriere oder langfristige Berufstätigkeit dachte dabei jedoch keiner. Der Spruch »Mädchen heiraten ja doch« musste bis in die späten 70er Jahre als Rechtfertigung dafür herhalten, dass Mädchen schlechter ausgebildet wurden als Jungen. Nach Erfüllung aller Mutterpflichten gestand man den Frauen noch ein wenig eigenes Leben zu. Nach dem vierzigsten Geburtstag war noch Zeit, ein bisschen zum Bruttosozialprodukt beizutragen – vorausgesetzt die Familie (also der Ehemann) erlitt dadurch keine Nachteile. Solange die Wohnung sauber, die Wäsche gewaschen war, das Essen pünktlich auf dem Tisch stand, hatte kaum jemand etwas gegen weibliche Erwerbsarbeit einzuwenden.

Auch in anderen europäischen Ländern herrschte nach dem Zweiten Weltkrieg Arbeitskräftemangel. Frankreich benötigte ebenfalls Frauen zum Wiederaufbau der Wirtschaft. Schon unter General de Gaulle, alles andere als ein Verfechter des Liberalismus, wurde deshalb das staatliche Betreuungsangebot für Kinder auf- und ausgebaut. Das gab den Französinnen zwar auch keine besseren Jobs, jedoch war und ist die Berufstätigkeit von Frauen beim Nachbarn im Westen selbstverständlich. In der Bundesrepublik wurden ausländische Arbeiter angeworben, als die Wirtschaft boomte.

Politiker haben sich hierzulande stets um die Kosten zur Errichtung von Betreuungseinrichtungen gedrückt. Stattdessen setzte man darauf, dass berufstätige Mütter schon irgendwie jemanden fänden, der sich um die Kinder kümmert. Gern genommen: Omas – wenn sie denn selbst nicht mehr berufstätig waren. Falls das aus unterschiedlichsten Gründen nicht in Frage kam, blieben in der Regel nur Tagesmütter. Die gibt es nicht umsonst, weswegen sich westdeutsche Frauen stets die Frage gefallen lassen müssen, ob es sich für sie »lohnt«, arbeiten zu gehen.

Dahinter steht das bewährte Familienbild: Kinder hat nur, wer verheiratet ist. Und die Politik tut alles, damit das Einkommen des Ehemannes ausreicht, die Seinen zu versorgen. Dass dieses Gesellschaftsmodell ungefähr seit 30 Jahren nichts mehr mit der Wirklichkeit zu tun hat, scheint vornehmlich konservativen Politikern nicht aufzufallen. Mitverantwortlich für diesen Wandel ist auch die Bildungspolitik.

Seit den 70er Jahren wurde in Deutschland verstärkt Wert auf »gute« Ausbildung gelegt. Abitur und Studium sind alles, Hauptschule nichts. Darum braucht heute ein kaufmännischer Lehrling mindestens Fachabi. Bei dem Bemühen, aus den Deutschen wieder ein Volk von Dichtern und Denkern zu machen, blieb zwar das allgemeine Bildungsniveau auf der Strecke. Aber endlich war eine gute Schulbildung nicht länger allein den Männern vorbehalten.

Auch wenn sozial engagierte Alt-Feministinnen immer wieder auf benachteiligte Mädchen ohne Schulabschluss verweisen: Laut Statistik haben junge Frauen heute die höheren Schulabschlüsse, die besseren Noten und die vorzeigbareren Prüfungsergebnisse. Mit genau diesem Selbstbewusstsein ziehen die Frauen an die Unis, studieren erfolgreich, und nicht einmal allein die brotlosen Berufe. Mit dem Diplom in der Hand soll dann Schluss sein? Erst mal die Mutterpause, dann ein bisschen Teilzeit, später dann der schlecht bezahlte Aushilfsjob? Angesichts dieser Perspektiven kann es nicht verwundern, dass Elternschaft für gut ausgebildete Frauen keine besonders interessante Perspektive darstellt.

Dabei sind schon die angeblichen Erfolge der jungen Frauengeneration trügerisch. Im direkten Vergleich mit den USA schneidet die Bundesrepublik schlecht ab. »In den USA verdienen 20 Prozent der Arbeitnehmer mehr als fünf Drittel des Durchschnittslohns, und unter diesen Spitzenverdienern sind 20 Prozent Frauen. In Deutschland ist diese Lohngruppe mit rund zwei Prozent sehr viel kleiner, und es befindet sich praktisch keine Frau unter den deutschen Spitzenverdienern. Auch in der direkt darunter liegenden Lohngruppe von vier Drittel bis fünf Drittel des Durchschnittslohns sind in den USA immerhin 42 Prozent Frauen, aber nur fünf Prozent in Deutschland. Amerikanerinnen sind in der beruflichen Hierarchie weit höher aufgestiegen als ihre deutschen Kolleginnen«, stellten Richard B. Freeman und Ronald Schettkat im »Tagesspiegel« fest.

Sie verweisen in ihrem Essay darauf, dass es in den USA gelungen ist, die typische Hausarbeit zu einem marktfähigen Produkt zu machen. Denn: »Der Ort, an dem Arbeit verrichtet wird, ob im Arbeitsmarkt oder im Haushalt, hat weit reichende ökonomische und gesellschaftliche Konsequenzen und schlägt sich sehr unterschiedlich in den Wirtschaftsstatistiken nieder.« Amerikanerinnen und Deutsche arbeiten beide rund 53 Stunden in der Woche. Die Deutsche leistet 70 Prozent ihrer Arbeit im Haushalt – unbezahlt. Die Amerikanerin verbringt 50 Prozent ihrer Arbeitszeit in Betrieb oder Büro. Dennoch ist die Geburtenrate in den Vereinigten Staaten höher als in Deutschland. »Amerikanerinnen nutzen in höherem Maße kommerzielle, nicht-kommerzielle und gemeinschaftlich organisierte Kindertagesstätten.«

Deutschen Frauen soll die Mutterschaft mit einer Neuregelung des Erziehungsurlaubs schmackhaft gemacht werden. Seit 2001 heißt dieser »Urlaub« Elternzeit. Er kann von beiden Elternteilen zeitgleich in Anspruch genommen werden. In den drei Jahren Elternzeit darf Mutti oder Vati bis zu 30 Stunden in der Woche Teilzeit arbeiten – mit Rechtsanspruch. Die Regelung gilt für alle Eltern, die in einem Betrieb mit mehr als 15 Mitarbeitern beschäftigt sind. Außerdem kann künftig (mit Zustimmung des Arbeitgebers) das dritte Jahr der Elternzeit flexibel geplant werden, und zwar zwischen dem dritten und achten Lebensjahr des Kindes.

Als Dankeschön für die Bemühungen gibt es auch ein bisschen Geld: Alle, die ihr neugeborenes Kind selbst betreuen, haben bis zu zwei Jahre lang Anspruch auf ein monatliches Erziehungsgeld von max. 307 EUR – und zwar unabhängig davon, ob sie vorher erwerbstätig waren oder nicht. In den ersten zwei Monaten wird es mit dem Mutterschaftsgeld verrechnet. Das Erziehungsgeld ist ab dem siebten Monat einkommensabhängig. Eltern können künftig entscheiden, wie sie das Erziehungsgeld einteilen. Wenn sie nur ein Jahr Erziehungsgeld in Anspruch nehmen, erhalten sie monatlich bis zu 460 EUR. Wer sich für eine zweijährige Elternzeit entscheidet, erhält bis zu 307 EUR monatlich.

Man beachte das kleine Wörtchen »einkommensabhängig«. Geld vom Staat gibt es für die unteren Lohngruppen. Ungekürztes Erziehungsgeld für Eltern mit einem Kind beispielsweise nur bis zu einem Einkommen von 16463 EUR – jährlich, nicht monatlich! Und das Recht auf Teilzeit besteht allein in Betrieben ab 15 Personen. Wenn man allerdings die kleine, aber nicht unbedeutende Tatsache bedenkt, dass die weitaus größte Zahl der Deutschen in kleinen und mittelständischen Unternehmen beschäftigt ist, verliert der großartige Plan der Regierung ein wenig von seiner geplanten Attraktivität. In diesen Betrieben lässt sich Teilzeitarbeitsanspruch aus organisatorischen Gründen häufig nicht durchsetzen. Außerdem gilt das neue Gesetz nur in Betrieben mit mehr als 15 Mitarbeitern.

Angesichts dieser Tatsache erscheinen die Kosten für die Novelle des Erziehungsgeldes – immerhin ca. 150 Millionen Euro – als Geldverschwendung. Was könnte man erreichen, wenn diese Summe in Schulen und Kindergärten investiert wird?

Immerhin hat die Bundesrepublik in diesem Sektor einen Nachholbedarf von rund 25 Jahren. Denn ungefähr genauso lange wurde das Betreuungskonzept für Kinder nicht überdacht. Mit üblen Folgen. Schon jetzt ist in vielen Bundesländern das Geld knapp. Jeder hofft zwar auf eine gut ausgebildete Jugend, für Schulen gibt es allerdings nur ein Minimum an Geld. Es fehlen Lehrer, und mit Blick auf die sinkenden Geburtenzahlen werden keine neuen eingestellt. Schließlich werden Pädagogen immer noch verbeamtet, statt bei Bedarf auf Zeit eingestellt. Wo kämen wir bloß hin, wenn in zehn Jahren keine Kinder, aber noch so viele Lehrer da sind?

Da allerdings noch Kinder geboren werden, stehen viele Städte und Gemeinden vor einem Dilemma. Eltern fordern verstärkt Ganztagsschulen oder zumindest verlässliche Halbtagsschulen (das sind die, wo die Kinder selbst dann nicht nach Hause geschickt werden, wenn ab 11 Uhr wegen Lehrermangel kein Unterricht stattfindet). Um die wenigen Plätze in Ganztagsschulen entbrennt regelmäßig ein heißer Kampf. Vergeben werden die Plätze allerdings vornehmlich nach sozialer Dringlichkeit. Sprich: Familien mit geringen Einkommen, bei denen die Mütter arbeiten »müssen«, erhalten den Vorzug vor Familien, in denen die Familie prinzipiell von einem Gehalt leben könnte. Diese Schulen dienen so als Sammelbecken für Kinder aus »sozialen Brennpunkten«. Denn nur diese werden der bemühten Aufmerksamkeit einer Schulbehörde teilhaftig. Steigt dank dieser Fürsorge die Kriminalitätsrate an der Schule, muss das als Beweis dafür herhalten, dass Ganztagsschulen pädagogisch bedenklich sind. Allein aus diesem Grund sollte es die Pflicht einer guten Mutter sein, wenigstens nachmittags für die Kinder da zu sein.

Womit wir wieder bei der Anerkennung berufstätiger Mütter und den richtungsweisenden Ausführungen der Bundesanstalt für Arbeit sind. Danach kommen arbeitende Mütter im Westen nicht so gut an, gesellschaftlich gesehen. Das zeigt auch ein Blick in die Medien oder die Werbung. In den Beiträgen und Anzeigen geht es um so wichtige Themen wie die Trend-Farben der Gürtelschnalle. Über Frauen und Politik, Technik, Computer, Auto wird so gut wie gar nicht berichtet. Abgebildet wird die reizende Hausfrau und Gattin – ohne Falten und gesund. Berufstätigkeit von Frauen dient bestenfalls als hübsche Kulisse für Diätprodukte.

Intelligente Frauen haben sich in Deutschland damit abgefunden, dass es Informationen für ihre Zielgruppe nicht gibt. Wer Wissen will, liest »Männer«-Blätter und darf sich als Abonnent mit »Herr« anschreiben lassen. Anpassung bis zur Selbstverleugnung.

Nur: Berufstätige Mütter können nicht mehr so tun, als seien sie die besseren Männer. Denn sie werden immer wieder mit den gleichen Vorurteilen konfrontiert: Ihre Kinder seien schlechter in der Schule, sind unordentlich und vernachlässigt, weil arbeitende Mütter aus Stress zu wenig Zeit für den Nachwuchs haben. Die Voraussetzung für glückliche Kinder ist nach gängiger Meinung die allzeit bereite Rund-um-die-Uhr-Supermutti.

Angesichts dieser Perspektiven verwundert es nicht, wenn junge Frauen dankend darauf verzichten, Kinder und Beruf zu vereinbaren. Erfolgreicher macht sie diese Entscheidung jedoch nicht. Typische Frauenjobs in Deutschland, so die Analyse von Richard B. Freeman und Ronald Schettkat, sind gering bezahlte Jobs. Hierzulande werden Frauen, die die angeblich neuen Strukturen der Kommunikationsgesellschaft so viel besser beherrschen als die Männer, regelmäßig ausgebremst. Fortbildung für die Herren der Schöpfung, Vertröstungen für die Damen. Und irgendwann die bittere Erkenntnis, dass Engagement und Können nicht die erhofften Karrieresprünge bringt, wenn das Geschlecht falsch ist.

40 Prozent der amerikanischen Akademikerinnen verdienen mehr als ihre Ehemänner – in Deutschland undenkbar. Im Zeitalter der Globalisierung können solche Zustände teure Folgen haben. »Vor dem Hintergrund eines drohenden Mangels an hoch qualifizierten Arbeitskräften ist ein großes ungenutztes Potenzial hoch

qualifizierter Frauen sicher ein Effizienzverlust für die Volkswirtschaft«, stellten Richard B. Freeman und Ronald Schettkat im »Tagesspiegel« fest. Sie raten der Politik, das zu tun, was viele seit Jahren fordern: bessere Rahmenbedingungen für die Erwerbsarbeit von Frauen zu schaffen und endlich mit dem Vorurteil aufzuräumen, berufstätige Frauen seien die schlechteren Mütter.

Kinder machen arm

Die volkswirtschaftlichen Prognosen

»Für mich sorgen sie alle: Kirche, Staat, Ärzte und Richter.
Ich soll wachsen und gedeihen; ich soll neun Monate schlummern; Ich soll es mir gut sein lassen – sie wünschen mir alles Gute. Sie behüten mich. Gnade Gott, wenn meine Eltern mir etwas antun; dann sind sie alle da. Wer mich anrührt, wird bestraft; meine Mutter fliegt ins Gefängnis, mein Vater hintenach; der Arzt, der es getan hat; muß aufhören, Arzt zu sein; die Hebamme, die geholfen hat, wird eingesperrt – ich bin eine kostbare Sache.
Für mich sorgen sie alle: Kirche, Staat, Ärzte und Richter.
Neun Monate lang.
Wenn aber diese neun Monate vorbei sind, dann muß ich sehn, wie ich weiterkomme.
Die Tuberkulose? Kein Arzt hilft mir. Nichts zu essen? keine Milch? – kein Staat hilft mir. Qual und Seelennot? Die Kirche tröstet mich, aber davon werde ich nicht satt. Und ich habe nichts zu brechen und zu beißen, und stehle ich: gleich ist ein Richter da und setzt mich fest.
Fünfzig Lebensjahre wird sich niemand um mich kümmern, niemand. Da muß ich mir selbst helfen.
Neun Monate lang bringen sie sich um, wenn einer mich umbringen will.
Sagt selbst: Ist das nicht eine merkwürdige Fürsorge –?«
Aus: »Lerne lachen ohne zu weinen«, Berlin 1931

Interessant, wie wenig Kurt Tucholskys Beschreibung in 70 Jahren von ihrer Aktualität verloren hat. Nun mögen treue Verfechter unserer ach so sozialen Republik einwerfen: Aber in der Bundesrepublik Deutschland müssen Kinder nicht hungern. Und in der Bundesrepublik Deutschland schicken wir straffällig gewordene Jugendliche auch nicht ins Gefängnis, sondern in einen erlebnispädagogischen Urlaub. Und in der Bundesrepublik Deutschland hat ein jedes Kind Anspruch auf medizinische Versorgung. Stimmt alles. Und trotzdem ist es nur die halbe Wahrheit. Denn für das Ungeborene wird noch immer alles getan – für Kinder dagegen zu wenig!

Um Abtreibungen zu verhindern, überschlagen sich Kirchen und christliche Parteien mit Hilfsangeboten. Vom Kinderbettchen bis zum Stillbüstenhalter wird einer Schwangeren alles besorgt, motiviert vom Gedanken, der Frau die Hoffnungslosigkeit zu nehmen. Zumindest für den Moment. Denn nach der Geburt des Kindes beschränkt sich die aktive Hilfe auf die Aushändigung von Formularen. Damit kann frau dann zum Sozialamt marschieren oder zum Wohnungsamt.

Sicherlich haben Bewohner der Bundesrepublik in Notsituationen Anspruch auf Hilfe. Aus diesem theoretisch gewährten Anrecht sollte jedoch nicht abgeleitet werden, dass jeder Sozialhilfeempfänger wild darauf sei, sein Leben von staatlichen Transferleistungen zu fristen. Wenn schwangere Frauen argumentieren, sie wollten aus materiellen Gründen abtreiben, steht dahinter häufig auch die Furcht vor finanziellen Abhängigkeiten. Und die werden nicht besser, wenn statt des Kindsvaters oder der Eltern das Sozialamt zahlt.

Denn Kinder kosten nun einmal Geld, viel Geld. Doch wer das bezahlen soll, darüber gibt es in dieser Republik recht unterschiedliche Ansichten. Unser Gemeinwesen fühlt sich in besonderem Maß der Produktion von Kindern verpflichtet, weil Ehe und Familie unter dem besonderen Schutz des Staates stehen. Das Verbot der

Abtreibung beispielsweise wird mit dem Grundgesetz begründet. Genauso die Verpflichtung, sich um jede Mutter zu kümmern – zumindest bis zur Geburt des ersehnten neuen Steuerbürgers. Sozial- und Gesundheitspolitiker kommen aus dem Selbstlob nicht mehr heraus, wenn es darum geht, die medizinischen Errungenschaften des Landes zu feiern:

Jede Schwangere hat Anspruch auf eine umfassende Betreuung bis zur Geburt des Kindes. Der vorgeschriebene Leistungskatalog ist so umfangreich, dass die privaten Krankenkassen von Frauen zum Beispiel wegen des Risikos Schwangerschaft deutlich höhere Monatsbeiträge als von Männern fordern. Doch obwohl eine werdende Mutter regelmäßig zum Messen, Horchen, Wiegen muss, liegt die Bundesrepublik in puncto Säuglingssterblichkeit im europäischen Vergleich nur im Mittelfeld. Dafür kann eine Frau aber sicher sein, dass diesem Land kein Weg zu teuer ist, um einem weiblichen Wesen zu Mutterfreuden zu verhelfen.

Noch in den 60er Jahren galt eine Frau, die nach ihrem 30. Lebensjahr zum ersten Mal schwanger wurde, als spätgebärend. Ist eine werdende Mutter heute über 35 Jahre alt, fällt sie in die Rubrik »Risikoschwangerschaft«. Allerdings wird das Thema Kind für mehr und mehr deutsche Frauen erst mit Beginn ihres dritten Lebensjahrzehnts aktuell. Schon an anderer Stelle wurde darauf hingewiesen, dass sich die Biologie von individuellen Wünschen und Vorstellungen wenig beeindrucken lässt. Ab dem 35. Lebensjahr sinken die Chancen rapide, auf natürlichem Weg schwanger zu werden. Das mögen Gründe sein, aber keine Hindernisse!

Mediziner, Biologen und Pharmazeuten verdienen Millionen an Männern und Frauen, die sich im fortgeschrittenen Lebensalter zur Elternschaft berufen fühlen. Nun ist es ja prinzipiell Sache des Individuums, wann es sich zu welchem Schritt entscheidet. Prinzipiell. Denn beim Thema Kind hört die individuelle Verantwortung auf. Wer ein Kind möchte, dem soll dazu verholfen werden. Und so startet bei jeder Frau, die trotz regelmäßiger Begattung nicht innerhalb von zwölf Monaten in den Zustand der Schwangerschaft verfällt, ein umfangreiches Programm. Da werden Hormonspiegel und Funktion der Eierstöcke überprüft, kritische Fragen zum Lebenswandel gestellt. Wo einfache Blutuntersuchungen nicht ausreichen, folgt ein Blick in die Eingeweide. Ist die Frau zu Ende therapiert, wird der Mann samt seinen Spermien ins Licht der Wissenschaft gezerrt. Irgendwann stehen die Fakten fest, und es folgen Vorschläge zur Reparatur der biologischen Mängel. Bei einigen Frauen genügt eine ordentliche Hormondosis, anderen müssen auf operativem Wege die Eileiter »durchgängig« gemacht werden. Und zahlen tut's die Kasse, sprich: die Solidargemeinschaft.

Richtig teuer wird ein Kinderwunsch jedoch erst, wenn Fertilitäts-Experten die ganze Palette ihres Könnens auffahren. Eine Invitro-Befruchtung – die Befruchtung der reifen Eizelle im Petrischälchen – ist heute schon fast medizinischer Standard. Seit über 20 Jahren lassen sich Befruchtungen künstlich durchführen. Was in der Viehzucht machbar ist, soll schließlich den Menschen nicht verwehrt werden. Und je genauer medizinische Probleme unter die Lupe genommen werden, desto wahrscheinlicher werden Lösungen. Insbesondere dann, wenn eine gut situierte Klientel dafür beinahe jeden Preis zahlt.

Der neueste Trend in Sachen künstliche Befruchtung heißt Intracytoplasmatische Spermieninjektion (ICSI). Was sich so kompliziert anhört, ist entsprechend teuer. Bis zu 5000 Euro pro Zyklus (meint: Monat) müssen Vater und Mutter in spe schon bezahlen. Dafür gibt es dann eine ganz besondere Behandlung. Kandidaten für die ICSI sind alle Paare, bei denen die Spermienqualität des Mannes für eine Insemination (künstliches Einbringen des männlichen Samens in den Genitaltrakt der Frau) oder eine In-vitro-Fertilisation (IVF) nicht ausreicht. Denn selbst für die IVF, die Reagenzglasbefruchtung, ist laut Information auf den Internetseiten von Wunschkinder.de eine Mindestanzahl von 50 000 bis 100 000 funktionsfähigen Spermien pro Eizelle erforderlich.

Im Prinzip funktioniert die ICSI allerdings wie eine IVF. Durch eine Hormonbehandlung der Frau wird zunächst die »Produktion« von Eizellen angekurbelt und dem weiblichen Körper entnommen. Jetzt braucht man Spermien, die in diesem Fall direkt aus dem Hoden oder den Nebenhoden gewonnen werden. Ein einziger Samenfaden wird dann benutzt, um eine Eizelle zu befruchten. Dazu wird die Eizelle fixiert und mittels einer sehr feinen Pipette mit dem Spermium geimpft.

Rund 13 000 Paare setzen nach inoffiziellen Angaben jährlich auf dieses neue Befruchtungsverfahren. Nach vorsichtigen Schätzungen verspricht das ein Multi-Millionen-Euro-Geschäft. Wen wundert's, dass angesichts dieser Summen Begehrlichkeiten entstehen, die dieses Geld von den Krankenkassen bezahlt wissen möchten. Ein entsprechendes Urteil des Bundessozialgerichts in Kassel liegt bereits vor. Danach müssen die gesetzlichen Krankenkassen das Geld für eine solche Behandlung bezahlen.

Fatalisten mögen behaupten, dass es angesichts der Milliarden-Defizite im Gesundheitswesen auf ein paar Millionen mehr oder weniger nicht ankommt. Widerspruch muss erlaubt sein: Das Geld fehlt nämlich an anderer Stelle. Kinderärzte beispielsweise verdienen deutlich weniger als die KollegInnen, die sich auf Inneres oder Zähne spezialisiert haben. Für Kinder gibt es zwar eine Reihe von Vorsorgeuntersuchungen, die von den Krankenkassen bezahlt werden; leiden die Kleinen hingegen an außergewöhnlichen Erkrankungen – Krebs oder Herzfehlern beispielsweise –, sind Betroffene oft auf privates Engagement angewiesen. Vielleicht spendet eine Organisation den lebensrettenden Flug ins Ausland oder plündern Großeltern den Sparstrumpf für eine Privat-Behandlung.

Dabei muss nicht einmal das Schlimmste passieren. Es genügt ein Blick in den normalen Krankenhausalltag. Elternbetten in Kinderkrankenzimmern? Ist zumeist nur dank guten Willens von Pflegepersonal, Ärzten und Klinikleitungen möglich. Bleiben dürfen die Eltern laut Gesetz nur, wenn eine medizinische Notwendigkeit besteht, dass ein Kind nicht ohne die Betreuung eines Elternteils genesen würde. Ob dies der Fall ist, entscheiden die Ärzte im Krankenhaus – auch nach wirtschaftlichen Gesichtspunkten.

Der Medizinbereich ist nur ein Beispiel dafür, wie gespalten die deutsche Gesellschaft das Thema Kinder bewertet. Perfekte Betreuung inklusive üppiger finanzieller Finanzspritzen bis zur Entbindung, ja. Geld für Kinder, nein. Dabei sollte eine Gemeinschaft, die Kinder möchte, bereit sein, für diese zu investieren. Daran hapert es in Deutschland allerdings. Ursache mag der Gedanke sein, dass Familie etwas durch und durch Privates ist, eine intime Lebensgemeinschaft. Schön, wenn es tatsächlich so wäre. Doch der Staat mischt sich gern in das Familienleben ein – vor allem dann, wenn damit die öffentlichen Kassen entlastet werden. Besonders krass ist das Spannungsverhältnis von Privatleben und staatlichen Eingriffen im Unterhaltsrecht. Eine uneheliche Tochter, die während ihrer Kindheit kein Geld vom Vater erhalten hat, wird sich niemals für ihren Vater verantwortlich fühlen. Schließlich hat er zu keinem Zeitpunkt etwas für sie getan. Der Staat sieht das anders. Nach dem Gesetz kann die Tochter verpflichtet werden, den Erzeuger im Alter finanziell zu unterstützen. Tut sie das nicht freiwillig, holt sich das Sozialamt unter Umständen das an den Vater gezahlte Geld von ihr zurück.

Beispiel Rentenversicherung: Hier gilt das Äquivalenzprinzip. Dies bedeutet, dass es für gleiche Beiträge gleiche Leistungen geben muss. Deshalb ist es zur Zeit angeblich unmöglich, Eltern für die Erziehungsarbeit zu belohnen. Denn nach dem Äquivalenzprinzip ist es undenkbar, dass jemand für niedrigere Beiträge die gleichen Leistungen erhält wie derjenige, der mehr in die Kasse eingezahlt hat. Gesetze ließen sich ändern, doch wenn es um die heilige Kuh Sozialstaat geht, verordnen sich Politiker aller Parteien regelmäßig Denkverbote. Im Gegenzug hat die Solidargemeinschaft allerdings kein Problem damit, sich auf Kosten der Eltern zu bereichern. Nur Eltern sorgen für den Nachwuchs, der zur Stützung des Systems so dringend benötigt wird.

All die kinderlosen Mittfünfziger, Anfang-Sechziger setzen selbstverständlich darauf, dass sie im Alter ihren Lebensstandard halten können. Getreu dem Motto »Lebe heute, lass andere deine Schulden bezahlen« wird die Lösung der Probleme auf künftige Generationen abgewälzt. Was allein die öffentliche Verwaltung kostet, rechnet der Bund der Steuerzahler (BdST) regelmäßig vor. Wichtigste Erkenntnis: Die demographische Entwicklung macht vor dem öffentlichen Dienst nicht Halt. »Auch Beamte und deren Hinterbliebene werden immer älter, wodurch die Pensionsausgaben des Staates zwangsläufig steigen.« Dank des expansiven Stellenausbaus in den 60er und 70er Jahren werden in naher Zukunft rund 1 Million Staatsdiener Pensionen kassieren – und das ist noch längst nicht das Ende. Voraussichtlich im Jahr 2023, so die Berechnungen des BdST, müssen 1,29 Millionen ehemalige Beamte, Richter, Soldaten und deren Hinterbliebene aus der Staatskasse versorgt werden. Gegenüber dem heutigen Bestand sei das ein Anstieg von 67 Prozent. Und wer zahlt? Die Bürger.

Ohne radikale Reformen droht der Republik ein finanzielles Desaster: Von derzeit rund 43 Milliarden DM werden sich die Versorgungsausgaben der Gebietskörperschaften – sprich das Geld, was die öffentliche Verwaltung für ihre ehemals treuen Staatsdiener zu zahlen hat – auf 75 Milliarden DM im Jahr 2010 erhöhen, bis 2025 in etwa verdreifachen und bis zum Jahr 2040 auf unglaubliche 161 Milliarden DM anwachsen. Dies bedeute, so der Bund der Steuerzahler, dass die Beamtenpensionen einen wachsenden Anteil der in Deutschland erbrachten Wirtschaftsleistung beanspruchten und die Versorgungslasten sich aufgrund des rückläufigen Erwerbspersonenpotenzials auf immer weniger Schultern verteilten.

Ihren Marsch durch die Institutionen lassen sich Beamte übrigens richtig was kosten. Bei 2430 Euro monatlich liegt die durchschnittliche Beamtenpension, ein Durchschnittsrenter, der 45 Jahre lang Beiträge gezahlt hat, bekommt 1118 Euro im Monat. Argumentiert wird nun immer, der Beamte zahle ja auf seine Pensionen Steuern. Auch hier räumt der Bund der Steuerzahler mit Vorurteilen auf: »Richtig ist, dass die Renten nur faktisch steuerfrei und die Pensionen nicht in vollem Umfang steuerpflichtig sind. So kann ein verheirateter Beamtenpensionär bis zu 20 325 Euro im Jahr kassieren, ohne auch nur eine DM an den Fiskus abführen zu müssen. Das sind netto immer noch 64 Prozent mehr, als der Eckrentner zur Verfügung hat. Um den offenkundigen Versorgungsvorsprung der Beamten zu rechtfertigen, wird regelmäßig vorgebracht, dass 1957 die Besoldung im Hinblick auf die Beitragsfreiheit der Alterssicherung um sieben Prozent gekürzt wurde. Dies entsprach dem damaligen Arbeitnehmerbeitrag zur Renten- und Arbeitslosenversicherung. Seitdem sind die Sozialversicherungsbeiträge aber signifikant angestiegen, ohne dass den Beamten weitere entsprechende Besoldungsverzichte abverlangt worden wären. Dies führt heute dazu, dass Beamte zwar brutto weniger verdienen als vergleichbare Angestellte im öffentlichen Dienst, beim Nettoeinkommen aber deutlich besser gestellt sind.«

Die Beamtenpensionen sind sicherlich nur eine Ursache für die immense Staatsverschuldung der Bundesrepublik. Doch Tatsache ist, dass die Schulden von heute die Steuern von morgen sind. Schon heute ist die Bundesrepublik Deutschland mit einer Staatsquote von 48 Prozent weit entfernt davon, wirtschaftlicher Musterschüler in der Euro-Zone zu sein. Ganz im Gegenteil. Doch interessanter als die Frage, ob Berlin die Stabilitätskriterien des Maastricht-Vertrages erfüllt (das werden die zuständigen Beamten schon richtig rechnen), sind für die Bürger die Auswirkungen dieser Politik auf das tägliche Leben. Über die Hälfte des Jahres arbeitet ein Arbeitnehmer/eine Arbeitnehmerin danach nur für den Staat. Von jeder verdienten DM blieben 2001 im Durchschnitt nur knapp 45 Pfennig.

Diese Abgabenlast bekommen die Normalverbraucher besonders zu spüren. Ihnen nützt es wenig, dass Einkommenssteuern in der Spitze gesenkt werden, wenn im Gegenzug bei den Verbrauchssteuern kräftig weiter zugelangt wird. Überhaupt fragen sich viele BürgerInnen immer häufiger, wohin denn eigentlich das viele Geld verschwindet. Straßen in einem miserablen Zustand – trotz hoher Kfz-Steuern. Krankenhäuser baufällig – trotz steigender Krankenkassenbeiträge. Katastrophale Zustände in Altenheimen – trotz Pflegeversicherung und hoher Gemeindeausgaben für die Sozialhilfe. Überfüllte Klassen, alte Lehrer, marode Schulgebäude, fehlende Kindergartenplätze. Nicht einmal für die Verkehrserziehung von Schulkindern ist in manchen Großstädten noch Geld da, von einer Überwachung des Straßenverkehrs durch die Polizei gar nicht zu reden.

Zahlmeister der Nation sind neben den abhängig Beschäftigten die Familien. Sie übernehmen gezwungenermaßen freiwillig viele Aufgaben, die der Staat nicht zu leisten bereit ist. Und das Generationen übergreifend: Würden sich nicht die Töchter um die Alten kümmern – könnten die vorhandenen Heime den Pflegeaufwand gar nicht leisten. Würden nicht die Väter Kindergärten renovieren und Schulen streichen – Gebäude müssten geschlossen werden. Als Dankeschön ist ihnen der Spott aller anderen Gesellschaftsgruppen gewiss. Weiß man doch, dass Familien diese Trottel sind, die nur in den Schulferien in Urlaub fahren (weil es dann am teuersten ist). Zu allem Überfluss darf sich eine Familie vorrechnen lassen, dass sie sich mit der Entscheidung für Kinder völlig dämlich verhält, zumindest wirtschaftlich betrachtet.

Seit den späten 90er Jahren macht sich eine neue Spezies in der Republik breit. Sie nennt sich Consultant, Berater, und ist angetreten, mehr Effizienz in unser Leben zu bringen. Gezüchtet wurde diese Rasse in den Labors der freien Marktwirtschaft. Sie sollte mehr Geld aus dem Geld anderer Leute machen. Und, wo das nicht klappte, zumindest für moderne Unternehmensstrukturen sorgen. Consultants sind richtig teuer. Daher müssen sie ihre Arbeit auch entsprechend rechtfertigen. Das geht am besten mit Bergen von Papier: Analysen, Stellungnahmen, Untersuchungen.

Heuschreckenartig ziehen nun Teams dieser Spezies durch die Betriebe. Wo sie aktiv waren, bleibt keine Abteilung dieselbe, hat keine Struktur Bestand. Es muss das Diktat der Wirtschaftlichkeit herrschen – selbst wenn einzelne Beschäftigte an ihrem Verstand zweifeln. Das geht unter Umständen so weit, dass Bleistift oder Kugelschreiber nicht mehr im Schrank lagern dürfen, sondern nur per Entnahmeschein ausgegeben werden – mit Kennziffer für die einzelne Abteilung, das zu bearbeitende Projekt, die Kostenstelle. Nur so lassen sich schließlich Kosten bis ins Detail erfassen. Und allein durch eine strenge Kostenkontrolle werden Arbeitsprozesse berechenbar.

Absurd wird dieses Wirtschaftsprinzip, wenn es über den rein produktiven Bereich hinausgeht. In der Dienstleistung beispielsweise. Wie lässt sich Kundenzufriedenheit erfassen, welchen Preis hat das service-orientierte Verhalten eines Mitarbeiters? Dieses Problem umgehen viele Unternehmen, indem sie die kundenorientierten Abteilungen einfach auslagern. Ein Grund mit für den beispiellosen Siegeszug von Call-Centern – und das immens hohe Unzufriedenheitspotenzial all derer, denen niemals wirklich geholfen werden kann.

Nichtsdestotrotz haben sich besonders fortschrittliche Consultants auch daran gemacht, das gänzlich unprofitable Unternehmen Familie zu durchleuchten. Dahinter stand durchaus ein ehrenwerter

Plan: den Regierenden zu beweisen, dass sie mit all ihren Förderungen und Plänen zur Familienpolitik nichts erreichen. Was kostet also ein Kind? Es gibt verschiedene Einschätzungen:

154 EUR monatlich, soviel zahlt der Staat für jedes Kind an Kindergeld. Oder:

230 EUR monatlich? Dies ist die Summe, die in der Bundesrepublik durchschnittlich an Sozialhilfe für ein Kind gezahlt wird. Oder sind es gar 500 EUR monatlich? Diese Summe hat das Statistische Bundesamt ausgerechnet. Laut Einkommens- und Verbrauchsstichproben von 1993 setzt sie sich wie folgt zusammen: 22,3 Prozent (111,50 EUR) für Nahrungsmittel, Getränke, 11,2 Prozent (56 EUR) für Kleidung und Schuhe, 21,7 Prozent (108,50 EUR) für Miete und Ähnliches; 10,1 Prozent (50,50 EUR) für Energie; 3,9 Prozent (19,50 EUR) für Möbel, Haushaltsgeräte; 4,1 Prozent (20,50 EUR) für Gesundheit und Körperpflege; 11,3 Prozent (56,50 EUR) für Verkehr und Nachrichtenübermittlung. 12,8 Prozent (64 EUR) der Summe entfallen auf Bildung, Unterhaltung, Freizeit; 3,1 Prozent (15,50 EUR) auf Schmuck und Reisen.

Ein Kind kostet zwischen 793 und 990 EUR, behauptet der Deutsche Kinderschutzbund.

Alles viel zu niedrig angesetzt, meinen Wirtschaftswissenschaftler. Von mindestens 1050 Euro im Monat könne man schon ausgehen. Schließlich müssten sich die Einkommensverluste der Eltern irgendwo in den Berechnungen niederschlagen.

Auch das Bundesfamilienministerium hat einmal nachgerechnet und kam im Ergebnis auf Zahlen, die noch höher liegen. Danach kostet der Sprössling ein Ehepaar mit einem Kind (1996, alte Bundesländer) 365 985 Euro von der Geburt bis zum 18. Lebensjahr. 34,3 Prozent dieser Summe gelten als öffentlicher Anteil, also zum Beispiel für Kindergärten, Schulen, direkte staatliche Zuwendungen oder indirekte Unterstützung von Eltern durch Steuerfreibeträge. Zwei Kinder schlagen bei einem Ehepaar insgesamt mit

581 262 EUR zu Buche (öffentlicher Anteil hier: 41,8 Prozent). Trotz der angeblich üppigen Zuschüsse der öffentlichen Hand zahlen Eltern reichlich für die lieben Kleinen. Geld, mit dem sich ein nettes Einfamilienhaus, ein Porsche plus die eine oder andere Urlaubsreise lässig finanzieren ließe.

Kinder in die Welt zu setzen, so behaupten Kritiker bundesdeutscher Familienpolitik wie beispielsweise der Deutsche Kinderschutzbund, sei noch immer die schnellste Möglichkeit, sich finanziell zu ruinieren. Und sie machen eine nüchterne Rechnung auf, die weit über die vom Bundesamt für Statistik zugrunde gelegten anteiligen Kosten für Fahrzeugunterhalt, Miete oder Wasch- und Putzmittel hinausgeht.

Kritikpunkt eins: Familien mit Kindern zahlen zu viel Steuern.

Mit dem Kinderfreibetrag von derzeit 3648 EUR jährlich soll das Existenzminimum von Kindern steuerlich freigestellt werden. Wer aufgrund seines Einkommens weniger Steuern zahlt, hat nicht viel von solchen Freibeträgen. Damit geringer Verdienende nicht zu stark benachteiligt werden, können Eltern statt des Freibetrages auch das monatliche Kindergeld von 154 EUR in Anspruch nehmen. Das Finanzamt prüft automatisch, was für eine Familie die günstigere Lösung ist. Aber auch wenn man sein Kind nicht mit Designer-Klamotten ausstaffiert und auf eine Privatschule schickt, kommt man mit diesen Beträgen nicht besonders weit. Der Monatsbedarf an Windeln für einen Säugling schlägt schon mit monatlich 50 EUR zu Buche, so hat eine Berechnung des Beratungsdienstes Geld und Haushalt der Deutschen Sparkassen ausgerechnet.

Kritikpunkt zwei: Kinderbetreuung wird steuerlich nicht anerkannt.

Ab 2002 können Eltern einen Betreuungsfreibetrag von 2160 EUR steuerlich geltend machen. Mit dieser Summe lässt sich allerdings weder Kindergartenplatz noch Tagesmutter bezahlen. Damit der Freibetrag überhaupt wirksam wird, müssen Eltern entsprechend verdienen. Auf der anderen Seite verdient eine Durchschnittsfamilie mit 1,5 Durchschnittsgehältern plus Kindergeld ca. 2600 EUR netto im Monat. Das, was auf den ersten Blick nicht allzu üppig erscheint, gilt in vielen Städten bereits als Spitzeneinkommen. Ab dieser Summe werden vielerorts die Höchstsätze für Plätze in Kindertagesstätten fällig: Beiträge von 400 EUR monatlich für einen Ganztagesplatz sind in Deutschland keine Seltenheit. Dazu kommen beispielsweise in Hamburg rund 40 EUR für das Mittagessen.

Wenn die Mutter zu Hause bleibt, um sich um den Nachwuchs zu kümmern, leistet sie Arbeit. Würde diese Betreuung in der Krippe, im Hort oder Kindergarten geleistet, könnte sie exakt berechnet werden. Doch so kostet sie »nur« den individuellen Gehaltsverzicht der Einzelnen. Ökonomen schätzen, dass eine Hochschulabsolventin eine dreijährige Baby-Pause mit rund 10 Prozent des Lebenseinkommens bezahlt – nach Abzug der Steuern. Dass eine Mutter schlechtere Karrierechancen hat und sich nach dem Wiedereinstieg zumeist mit einem Teilzeit-Job begnügen muss, fließt in diese Rechnung noch gar nicht ein. Auch die Einbußen bei den Rentenansprüchen der Mutter werden in der Regel nicht bei den Kosten für ein Kind erfasst.

Das Bundesverfassungsgericht hat gefordert, Ehepaare mit Kindern durch die Gewährung eines zusätzlichen Haushaltsfreibetrags zu entlasten. Da Familien größere Wohnungen brauchen, zahlen sie auch mehr Miete. Besonders bei den Nebenkosten wird es teuer: Steigende Müll- und Abwassergebühren treffen Familien mit Kindern tendenziell stärker als Ehepaare ohne Kinder.

Auch die Einführung der Ökosteuer trifft insbesondere Familien. Eine Familie mit zwei Kleinkindern kann im Winter nicht einfach die Heizung herunterdrehen. Auch die Ausgaben für Benzin treffen Familien doppelt. Denn es leben eben nicht alle Familien in einer perfekten Umgebung: Die Arbeitsstätte in Fußnähe, der Kindergarten um die Ecke, Einkaufsmöglichkeiten vier Häuser weiter – in bundesdeutschen Großstädten eine Illusion.

Der ganz normale Alltag sieht dann so aus: Als Berufstätige muss man den Kindergartenplatz nehmen, der frei ist, und kann nicht auf einen wohnungsnahen setzen. Zur Arbeitsstätte braucht man unter Umständen mit öffentlichen Verkehrsmitteln jeweils 45 Minuten für Hin- und Rückweg. Dinge des täglichen Bedarfs gibt's günstig im Supermarkt, aber der liegt vor den Toren der Stadt. Schließlich hat der Tag nur 24 Stunden – und trotz perfekter Organisation lassen sich für viele Eltern diese Wege nicht ohne Auto bewerkstelligen. Wer unter diesen Umständen auf eine Teilzeitbeschäftigung ausweicht, zahlt für das Plus auf dem Zeitkonto mit Einkommensverlusten.

Anders stellt sich dagegen die Lage in Haushalten ohne Kinder dar, den klassischen »double income, no kids« (Dinks): Nach Untersuchungen des Statistischen Bundesamtes (Zahlen von 1993) steht diesen ein durchschnittliches Nettoeinkommen von monatlich 4643 DM zur Verfügung. Verbrauchen tun sie 3563 DM. Ein Haushalt mit zwei Kindern verfügt im Durchschnitt über 4718 DM (inklusive Kindergeld und steuerlichen Vergünstigungen). Doch sind in der Familie die monatlichen Ausgaben deutlich höher als bei den Dinks. Vier Köpfe verbrauchen pro Monat 3887 DM für Nahrung, Miete, Waschmittel oder Kleidung. Sagt das Bundesamt für Statistik. Und das hat auch ausgerechnet, was alle ahnen: Kinderlosen geht es finanziell besser als Familien.

Dinks haben mehr frei verfügbares Einkommen, das sie zur Vermögensbildung einsetzen oder für die schönen Dinge des Lebens ausgeben können. Unter rein betriebswirtschaftlichen Berechnungen haben die gestrengen Consultants sicherlich Recht, wenn sie Kinder in der heutigen Gesellschaft für Luxus halten. Auf der anderen Seite dürfen natürlich auch volkswirtschaftliche Aspekte nicht übersehen werden. Denn hier werden Prognosen über die

Gegenwart hinaus gewagt. Rechnet sich die Investition in ein Kind also auf 40, 50 Jahre?

Die Kinder von heute sollen die Steuer- und Beitragszahler von morgen werden. Damit sie gut verdienen und entsprechend hohe, leistungsgerechte Steuern zahlen können, müssten sie eigentlich sehr gut ausgebildet werden. Alle Parteien geben sich jede nur erdenkliche Mühe, den jeweiligen politischen Gegner für die augenblickliche Bildungsmisere verantwortlich zu machen. Doch Fakt ist: Finanziell sieht es nicht gut aus für deutsche Schulen. Die internationale Vergleichsstudie »Pisa« hat gezeigt, dass unser Bildungssystem nicht einmal in der Lage ist, allen Kindern Lesen und Schreiben beizubringen, geschweige denn ihnen Grundlagen mathematisch-naturwissenschaftlichen Wissens zu vermitteln. Gerade wenn es um Kosten für Kinder geht, verweist der Staat allerdings gern auf den hohen Anteil, den er für die Erziehung von Kindern aufbringt. Doch ohne elterliches Engagement – ehrenamtlich versteht sich – sähe es vielerorts noch katastrophaler aus.

Ja das Ehrenamt, im Zusammenhang mit Familie wird es immer wieder gern herangezogen. Eltern sollen am liebsten ehrenamtlich für die ganze Gesellschaft aktiv werden. Für diese Form der Politik gibt es sogar einen Begriff: »Subsidiaritätsprinzip«. Es entstammt der katholischen Soziallehre und bedeutet auf die Familien bezogen, dass deren Hilfskapazitäten zunächst erschöpft sein müssen, bevor die Gesellschaft einspringt. Die Frage ist allerdings: An welchem Rand der Erschöpfung müssen Eltern stehen?

Die Mehrzahl der Familien hat es sich zum Prinzip gemacht, die eigene Situation nicht ständig kritisch zu reflektieren. Lediglich wenn mal wieder eine Wirtschaftszeitung vorrechnet, dass man sich statt eines Kindes besser vier Porsche leisten sollte, kommt mancher Vater oder manche Mutter ins Grübeln. Oder wenn ein Tierfutterproduzent in einem Werbespot für Welpennahrung Bilder von kleinen Kindern und jungen Hunden so aneinander schneidet, dass sich der Zuschauer fragt, für wen das beworbene Produkt eigentlich gedacht ist. Sind Kinder denn wirklich eine überflüssige Investition? Tut frau nicht besser daran, sich einen Hund oder eine Katze zuzulegen?

Wo steht eigentlich eine Gesellschaft, die anfängt, den finanziellen Wert eines Menschen zum Maßstab aller Dinge zu machen? Sobald jedes Sein einer Preisstruktur unterworfen wird, ist es beliebig, austauschbar. Sinkt die Geburtenrate, weil Kinder teuer sind? Viele Eltern akzeptieren stillschweigend, dass Kinder etwas kosten. Zeit beispielsweise. Allerdings kann es nicht im Interesse insbesondere der Mütter sein, dass sie allein den Preis für etwas zahlen, das im Interesse einer ganzen Gesellschaft ist. Kinder sind schließlich eine (Kapital)Anlage, von der in Zukunft viele profitieren wollen. In der Logik von Consultants ließe sich dieser Umstand im System einer menschlichen Leistungsuhr darstellen: Von der ersten Lebensminute an werden Kosten und Mehrwert genau erfasst. Die Guten ins Kröpfchen, die schlechten ins Töpfchen … Wer an die Macht von Zahlen glaubt, kommt auf diese Weise vielleicht auch zu einer gerechten Bewertung von Mutterarbeit.

Begriffe wie »Gesamtrechnung« oder »Bewertung« scheinen irgendwie nicht zu »Familie« zu passen. »Familie« steht für die meisten immer noch für Geborgenheit. Trotzdem stehen Politiker, Soziologen, Familienrechtler ein wenig ratlos vor dem Phänomen, dass die klassischen familiären Zusammenhänge brüchig werden. Die Linke beschwört in diesem Kontext gern die »soziale Kälte«, die angeblich hierzulande herrscht. Dabei fehlt es in dieser Republik ja nicht an guten Worten und Taten. Im Gegenteil. Als eines der reichsten Länder Europas leistet sich Deutschland eine üppig ausgestattete Sozialbürokratie, die immer gerne einspringt, wenn es dem Einzelnen schlecht geht. Und je demütiger das Individuum um Unterstützung bettelt, desto lieber wird gegeben. Eine Kosten-

Nutzen-Rechnung darf in diesen Bereichen allerdings keiner fordern. Dazu hängen zu viele angeblich karitative Einrichtungen am Tropf der Gesellschaft. Die Hilfsangebote für Schwangere stehen stellvertretend für diese Haltung.

Nein, was diesem Land vielmehr fehlt, ist ein neues Bewusstsein für die Nation. Nicht im dumpfen Brauchtums-Sinn, sondern als Verantwortungsgefühl über die Gegenwart hinaus und in die Zukunft gerichtet. Der Wunsch, das Erreichte zu bewahren und weiter zu geben. Der Mut zu definieren, welche Werte in der Gesellschaft einen hohen Stellenwert haben sollen. Und das meint nicht Geld und Immobilien. Interessanterweise rechnen die meisten Eltern nicht nach, was ihre Kinder kosten. Und es gibt wohl keinen Vater, der Sohn oder Tochter gegen einen Porsche eintauschen würde.

Der Vergleich »Was lohnt sich mehr: die Investition in Kinder oder in Sachwerte?« hat für Eltern lediglich theoretische Bedeutung. Beispielsweise die Frage: Kind oder Eigenheim? Im besten Fall spart die ganze Familie gemeinsam für beides.

Apropos selbst genutzte Immobilie: Gerade die Wohnungsbauförderung wird von Politikern als glänzendes Beispiel dafür herangezogen, wie sehr und wie gut man Familien hierzulande unterstütze. Tatsächlich? Der Bund der Steuerzahler hat auch in diesem Punkt eine Meinung, die so gar nicht zu den Sonntagsreden über Familienförderung und Lastenausgleich passen will:

Beispiel 1: Mit fast 50 Milliarden DM subventioniert der Staat das Wohnen jährlich. Leider mit vielen Ungereimtheiten, wie das Kurt-Bräuer-Institut in einer Studie feststellte (eine Kurzfassung der Studie gibt es als Download unter www.karl-braeuer-institut.de im Internet). So stellten die Experten im Auftrag des Bundes der Steuerzahler fest: »Ein wichtiges wohnungspolitisches Ziel ist die Förderung der Wohneigentumsbildung. Dafür werden Subventionen von mehr als 25 Milliarden DM im Jahr ausgegeben. Gleichzeitig ist aber die Grunderwerbssteuer zum 1.1.1997 um 75 Prozent auf 3,5 v. H. erhöht worden. Der Erwerber eines mittleren Einfamilienhauses (für 400 000 DM) wird dadurch mit 14 000 DM belastet. Außerdem ist die Abgabenbelastung insgesamt so hoch, dass allein dadurch bereits die Bildung von Wohneigentum maßgeblich behindert wird …

Beispiel 2: Es gibt große Ungereimtheiten bei den Maßstäben, die für die Belastbarkeit mit Steuern und Abgaben einerseits und der Förderbedürftigkeit andererseits angelegt werden. So hat ein Ehepaar (ohne Kinder) bis zu einem zu versteuernden Jahreseinkommen von 100 000 DM Anspruch auf die staatliche Bausparprämie, wird insoweit also als ›förderbedürftig‹ eingestuft. Zugleich werden bei einem solchen Einkommen direkte Steuerabzüge und Sozialversicherungsbeiträge von 49,3 Prozent fällig. Hinzu kommt dann noch die Belastung mit indirekten Steuern, die bei der Einkommensverwendung anfallen. Das Ehepaar, das im Sinne der Bausparförderung förderbedürftig ist, wird bei der Bemessung der Abgabenlast offensichtlich als ›recht belastbar‹ angesehen, weil eine derart hohe Belastung ansonsten nicht zu erklären ist …

Bei der Eigenheimzulage zeigt sich die Widersprüchlichkeit der Wohnungspolitik besonders deutlich. Auf der einen Seite greift der Staat über Steuern und Abgaben voll auf die Einkommen der Haushalte zu, auf der anderen Seite gewährt er eine Eigenheimzulage. Bei tragbarer Abgabenbelastung erscheint eine Begrenzung der Eigenheimzulage sinnvoll. Zudem sollte auf die Objektförderung bei Eigenheimen verzichtet werden. Entbehrlich erscheint nicht zuletzt die staatliche Bausparförderung, weil Bausparverträge für Bauwillige wegen der günstigen Finanzierungsmöglichkeiten, die damit verbunden sind, ohnehin interessant sind.«

Soweit die Einschätzung derjenigen, die genau hinschauen, wo in Deutschland Geld verbrannt wird.

Als Normalverdiener zahlt man daher neben viel zu hohen Steuern meist brav seine Miete und leistet sich den einen oder anderen

Urlaub in der Ferne. Sogar als Eltern. Mutter oder Vater wissen außerdem, dass einem die erträumte Luxuskarosse so schlecht die kleinen Arme um den Hals legen kann. Trotzdem werden sie immer wieder mit der Frage konfrontiert, ob sich ein Kind denn »lohne«. Lohnen für was? Damit es einem die Rente zahlt, im Alter Sonntagsbesuche macht, der Gesellschaft als Arbeitskraft zur Verfügung steht? Viele Väter und Mütter gehen für ein Kind bewusst Verzicht ein. Sparen sich zum Beispiel den Kino- oder Theaterbesuch, weil zu den Eintrittskosten immer noch die Ausgaben für den Babysitter kommen.

Ja, Eltern zahlen durchschnittlich 23 Prozent ihres Einkommens unabhängig vom Verdienst für ihre Kinder. Ja, große Kinder kosten mehr als kleine. Verhelfen einem diese exakten Zahlen zu tieferen Erkenntnisschüben? Macht es glücklich, wenn im Monat zwei Euro mehr für den Urlaub übrig bleiben oder lassen sich bei den Ausgaben für Kleidung und Schuhe mit besserem Kostenmanagement ein paar Euro einsparen? Überhaupt: Sollte es erklärte Aufgabe einer jeden Mutter sein, das Unternehmen Familie genauso perfekt zu führen wie ein Manager seinen Konzern? Consultants und Pfennigfuchser haben bei ihrer gesamten Effizienzberechnung einen blinden Fleck. Emotionaler Mehrwert lässt sich nur sehr schlecht in Euro und Cent ausdrücken.

Politiker verweisen gern darauf, dass Familie eine soziale Einheit darstelle, in die man sich nicht einmischen solle. Das stimmt insoweit, als Beziehungen zwischen Menschen tatsächlich etwas sehr Privates sind. Andererseits gibt es »die Familie« immer weniger. An ihre Stelle ist ein Netzwerk befristeter Sozialbeziehungen getreten. Das allein gibt allerdings der Politik nicht das Recht, sich aus der Verantwortung zu stehlen. Mit den finanziellen Aufwendungen für Kinder leistet der Staat wenig, um familiäre Zusammenhänge zu stärken. Kindergeld oder Steuererleichterungen werden häufig nur als Entschädigung für den Konsumverzicht verstanden, den Eltern leisten. Doch Konsum allein ist ein sehr brüchiges Fundament für den Zusammenhalt einer Gesellschaft. Wenn Mütter oder Väter ihren Kindern Geborgenheit geben sollen, brauchen sie ihrerseits ein Gefühl von Sicherheit: Dass ihre Kinder gut betreut werden, in gute Schulen gehen, in einer gesunden Umgebung aufwachsen können. Utopie? Die skandinavischen Staaten zeigen längst, wie sich diese Forderungen in die Tat umsetzen lassen.

Ist Erziehung Privatsache?

Familienpolitik in der Krise

Konrad Adenauer war bekanntlich bekennender Katholik. Diesem frommen Mann aus dem tief schwarzen Köln haben wir in der Bundesrepublik einiges zu verdanken. So unter anderem Grundsätze der Familienpolitik, die in den 50er Jahren durch den Vorreiter katholischer Moral, Minister Franz-Josef Wuermeling, unters gemeine Volk gebracht wurden. Familienpolitik im Sinne Roms war und ist »als bewusstes, zielgerichtetes und planvolles Einwirken öffentlicher Träger auf die rechtliche, wirtschaftliche und soziale Lage der Familie zu verstehen … Der ethische Anspruch an die Familienpolitik lautet, die allgemeine Leistungsfähigkeit der Familie zu fördern, nicht aber einzelne Leistungen zu prämieren; Freiheitsräume zu eröffnen und Entscheidungen zu ermöglichen, nicht aber Entscheidungen unmittelbar zu lenken oder gar zu erzwingen. Mit anderen Worten, es geht um eine am Maßstab der Subsidiarität sich orientierende Familienpolitik, die in einer flexiblen und den jeweiligen Leistungspotenzialen bzw. -defiziten angemessenen Hilfe die Funktionsfähigkeit der familialen Primärgruppe sichert und stärkt, ohne ihr legitimes Eigenrecht und ihre Eigenverantwortung zu schmälern.« So formulierte es im Jahr 2001 der Lehrstuhl für katholische Theologie München unter dem Stichwort Familienethik auf seinen Intenetseiten www.kaththeol.uni-muenchen.de.

Soweit die Theorie. Im täglichen Leben war diese moralische Überzeugung stets Argumentationsgrundlage, um Familien mit ihren Problemen allein zu lassen. Bis in die 80er Jahre hinein wurde von »christlichen« Kreisen der Ansatz, Erziehung »öffentlicher« zu machen, vehement bekämpft. Mit Blick auf die DDR und ihre Kinderkrippen warnten Konservative vor alternativen Erziehungsmethoden. Die Sowjets waren nicht nur schuld daran, dass Deutschland geteilt wurde. Sie versuchten angeblich auch mit aller Macht, einen neuen, »unfreien« Menschen zu schaffen – unter anderem durch Erziehung von Kindern und Jugendlichen.

Mit dieser Haltung setzten die Katholiken alte Traditionen fort. Sozialisten und Katholiken – das waren zwei Gruppen, die sich in Deutschland über Jahrzehnte hinweg erbitterte Auseinandersetzungen lieferten. Die einen stritten für die Befreiung des Menschen, die anderen sorgten sich um sein Seelenheil. Erst als die Konkurrenz um die arbeitenden Massen zu heftig wurde, besannen sich auch die Katholiken auf das Erdendasein. Die Gründung von katholischen Arbeiterverbänden beispielsweise war ihre Antwort auf das Erstarken von Kommunisten und Sozialisten mit ihrer Forderung nach einem menschenwürdigen Arbeitsleben.

In einem Punkt fanden die Roten und die Schwarzen allerdings nie zueinander: in der Frage nach der Rolle der Mutter. Die Forderung nach der Gleichberechtigung von Mann und Frau (auch Müttern) hatte in Deutschland August Bebel formuliert. Sein »Die Frau und der Sozialismus« wurde zu einem Bestseller. Die erste Auflage vom Februar 1879 war schnell vergriffen, am 24. März des gleichen Jahres wurde das Buch ob seiner revolutionären Ideen bereits verboten. Die Kernthese »Es gibt keine Befreiung der Menschheit ohne die soziale Unabhängigkeit der Geschlechter« brachte Bebel übrigens auch Ärger in den eigenen Reihen ein. Denn viele Genossen sahen in den billigen weiblichen Arbeitskräften nur lästige Konkurrentinnen. Dennoch traf Bebels Schrift den Nerv der Zeit und erreichte Leser beiderlei Geschlechts. Als 1910 die 50. Auflage erschien, war das Werk bereits in 14 Sprachen übersetzt worden.

Die FrauenrechtlerInnen unter den Linken rüttelten mit ihren Forderungen massiv an den so genannten bürgerlichen Fundamenten der Gesellschaft. Sie waren – im Gegensatz zu den konservativen christlichen Kräften – nicht von der Heiligkeit der Familie überzeugt. Denn einigermaßen gut ging es in diesem Modell allein den wirtschaftlich besser gestellten Frauen. Für sozial schwächere Frauen bedeutet Familie vor allem: unzählige Kinder. Die Forderung nach Geburtenkontrolle wurde indessen von der katholischen Kirche scharf bekämpft. Auch die Abtreibung, für viele Frauen mangels Wissen um Verhütung die einzige Methode, den »Kindersegen« zu begrenzen, war und ist für Roms Stellvertreter in Deutschland eine Todsünde. Fügung in das gottgegebene Schicksal ist lange Jahre die einzige Antwort, die die Kirche den Armen zu geben bereit war. Denn an einer grundlegenden Veränderung der Strukturen waren die oberen Katholiken nicht interessiert. Daran änderten auch Männer wie Adolf Kolping (setzt sich für die Weiterbildung von Handwerksgesellen ein, die in »Kolpingfamilien« betreut wurden) oder Lorenz Werthmann (Gründer und erster Präsident des Caritasverbandes) wenig. Selbst nach zwei Weltkriegen halten die Katholiken unbeirrt an ihrem idealisierten Bild von Familie fest. 1958 meinte Papst Pius XII: »Das Haus, in dem die Frau die Königin ist, bildet das Zentrum und die Stätte ihres Wirkens.«

Gegen alle Versuche, die Erziehung als öffentliche Aufgabe zu verstehen, wandte sich zur gleichen Zeit Franz-Josef Wuermeling: »Es kann erwartet werden, dass der Sog in die Betriebe, verstärkt durch erhöhte Lohnangebote und steuerliche Anreize, viele ›Hausmütter‹ erfassen wird, vor allem jene, die mit mehreren Kindern am Rande des Existenzminimums leben. Wenn ein wirkungsvoller Ausgleich der Familienpolitik weiterhin hinausgeschoben wird, muss befürchtet werden, dass binnen absehbarer Zeit die Mehrzahl vor allem der jungen Mütter Erwerbsarbeit in den Betrieben leistet. Es würde damit – sicher gegen den Willen aller Beteiligten – auf anderem Wege dieselbe Ordnung verwirklicht werden, wie sie bereits in den Ländern östlicher Prägung herrscht.«

Selbstverständlich, dass damit im Westen alles des Teufels war, was nur im Entferntesten nach Sozialismus roch. Horte beispielsweise oder Kinderkrippen. Die natürliche Ordnung sollte in der Bundesrepublik Bestand haben, und als natürlich galt jedes System, dass dem Mann die entscheidende Rolle in der Gesellschaft zubilligte. Selbst in der Kindererziehung wurde per BGB dem Vater das letzte Wort zugestanden – obwohl doch ein Kind in den Armen seiner Mutter am besten aufgehoben war. Wenn überhaupt Kindergärten gefördert wurden, dann vorzugsweise kirchlich geführte Institute. In das Familienleben seiner Bürger wolle sich der Staat nicht einmischen, diese Devise musste im Westen stets als Begründung herhalten, wenn Frauen eine gerechtere Verteilung der Familienarbeit forderten. Geld geben ja, Strukturen ändern nein. Ein bisschen an der Gesetzgebung ändern und darauf setzen, dass trotzdem alles beim Alten bleibt. Wie weit diese Haltung ging, zeigt sich beispielsweise beim leidigen Thema »Gewalt in der Ehe«. Sage und schreibe bis 1997 gab es in Deutschland den Straftatsbestand »Vergewaltigung in der Ehe« nicht! Geschlechtsverkehr gegen den Willen der Frau konnte es nämlich nicht geben, weil Sex einen Bestandteil »ehelicher Pflichten« darstellte.

Auch Prügel und Misshandlungen galten lange Zeit als etwas durch und durch Privates, das den Staat nichts anging. Es ist übrigens eines der großen Verdienste der Frauenbewegung, dass dieses Problem öffentlich gemacht wurde: 1976 gründete eine Gruppe von Frauen in Berlin das erste deutsche Frauenhaus. Es sollte all den Frauen Zuflucht gewähren, die unter der Gewalt ihrer Männer zu leiden hatten. Mittlerweile gibt es in Deutschland rund 400 dieser Fluchthäuser; jährlich suchen hier rund 40 000 Frauen mit ihren

Kindern Schutz. Trotzdem: Schläge in der Ehewohnung sind noch immer ein Tabuthema.

Bis zum Juni 2000 durften in Deutschland nicht nur Frauen, sondern auch Kinder geschlagen werden. Erst seit diesem Zeitpunkt gilt für Kinder das Recht auf eine gewaltfreie Erziehung, sind Ohrfeigen oder Schläge verboten. Erziehung galt ja als Privatsache, und Eltern wussten schließlich selbst am besten, was für ihre Kinder gut sei. Nur wenn eine Familie auffällig wurde, bei Verwahrlosung beispielsweise, galt es helfend einzugreifen, um alle Beteiligten wieder zurück auf den Pfad der Tugend zu bringen.

Dieser an sich positive Ansatz der Jugendhilfe trieb zu Beginn der 90er Jahre seltsame Blüten. Damals erschütterte ein Skandal das westliche Münsterland. In einer kleinen Stadt wurden massenhaft Fälle von sexuellem Missbrauch an Kindern festgestellt. Die Väter in Untersuchungshaft, die Mädchen in Pflegefamilien, Mütter stigmatisiert – bis endlich jemand auf den Gedanken kam, etwas genauer hinzuschauen. Da stellte sich dann heraus, dass einige Kindergärtnerinnen an einem Seminar teilgenommen hatten, das sich mit dem Thema sexueller Missbrauch beschäftigte. Mit Erfolg, denn schon nach wenigen Unterrichtsstunden glaubten sich die Damen qualifiziert genug, unter den ihnen anvertrauten Schützlingen die Opfer sexueller Gewalt ausfindig zu machen. Dass erfahrene Kinderpsychologen dies anders sahen, brachte zwar die Väter aus dem Knast – die Familien indes konnten die Folgen dieser infamen und anmaßenden Aktion allein bewältigen. Denn: Familie ist Privatsache.

Manche Männer interpretieren den Begriff der Privatsache extrem weit. Für sie ist Familie sogar Privatbesitz. Es vergeht in Deutschland kaum ein Monat, in dem die Presse nicht über ein Blutbad im häuslichen Umfeld berichtet. Zumeist sind es die Männer, die den Eigentumsbegriff ausschließlich auf sich beziehen. Getreu dem Motto: Wenn ich das nicht haben darf, kriegt es auch kein anderer. Und diese Haltung genügt ihnen als Rechtfertigung für Mord, Totschlag, Brandstiftung. Das ist mein Auto, mein Haus, meine Frau, mein Kind – damit darf ich machen, was ich will ... Die Umwelt reagiert in der Regel völlig überrascht. Die Familie war doch so normal, da konnte doch keiner etwas ahnen. Ähnliches ist zu hören, wenn Vater oder Mutter ein Kind erschlagen haben oder verhungern ließen. Auch die institutionelle Jugendhilfe versteht sich ganz in der katholischen Tradition: Erst mal die Leute machen lassen, dann ein Pflaster vorbeibringen.

Das Nebeneinander von Überregulierung und Desinteresse überrascht nicht. Filz und Vetternwirtschaft haben die Wohlfahrtspflege in Deutschland zu einem Sumpf aus Verordnungen und Richtlinien gemacht, den keiner mehr durchschaut. Aber die Tatsache, dass Familien in vielen praktischen Dingen des Lebens allein gelassen werden, macht Erziehung noch längst nicht zu einem bürokratiefreien Raum. Im Gegenteil! Spätestens seit den 70er Jahren verschrieb sich die deutsche Linke mit aller Macht der »Vergesellschaftung« der Kinderfrage. Die Betreuung der Kinder sollte nicht länger alleinige Aufgabe der Mutter sein. Und vor allem sollten die Kinder »antiautoritär« erzogen werden, eine Aufgabe, die die klassischen Kindergärten nach Meinung linker Frauen nicht leisten konnten. Doch die politisch aktiven Mütter machten schnell eine frustrierende Erfahrung: Der Weg zum neuen Menschen war weit, und ganz besonders schwer fiel der Bewusstseinswandel allen Männern.

Als 1969 die CDU nach 20 langen Regierungsjahren von einer Koalition aus SPD und FDP abgelöst wird, erhoffen sich viele Deutsche auch neue Signale in der Familienpolitik. Seit dem 1. Juli 1976 ist es in der Bundesrepublik erlaubt, dass nach der Eheschließung auch der Name der Frau Familienname werden kann. Zu diesem revolutionären Schritt entschließen sich jedoch nur wenige Ehepaare. Üblicher bleibt die bewährte Regelung: Name des Mannes wird Familienname, frau wählt einen Doppelnamen. Das Scheidungsrecht wird 1977 reformiert, nun vor Gericht nicht mehr gefragt, wer schuld am Scheitern einer Ehe ist. Es gilt das Zerrüttungsprinzip, außerdem hat der wirtschaftlich schwächere Partner Anspruch auf Unterhalt. Eine der letzten familienpolitischen Entscheidungen der sozial-liberalen Regierung ist die Verbesserung des Mutterschutzes: Frauen haben über die sechswöchige Schutzfrist nach der Geburt hinaus Anspruch auf bis zu sechs Monaten Mutterschaftsurlaub. In dieser Zeit erhalten sie je nach Gehalt bis zu 750 DM, bleiben Mitglied der Sozialversicherung und haben eine Arbeitsplatzgarantie.

Als Partei der Arbeiter macht sich die SPD stark für eine Ausweitung der Mitbestimmung, setzt auf Bildung und Gesamtschulen, die das ihrer Meinung nach elitäre System der Republik reformieren sollen. Die Erwerbsarbeit von Frauen wird seit den 70er Jahren zwar nicht mehr behindert. Kinderbetreuung bleibt allerdings nach wie vor eine private Aufgabe. Denn auch die Linken haben ein gespaltenes Verhältnis zur Familie.

Für die Aktivisten der 70er Jahre sind verheiratete Eltern mit Kindern ein Inbegriff von Spießigkeit. »Klassische« Familien können daher kaum mit Unterstützung rechnen. Bestenfalls die Schwangerschaft darf frau selbstbestimmt erleben, der Einzug der Väter in die Kreißsäle stand für den Gipfel der Emanzipation. Danach gab es Krabbelguppen, Still-Events – und die neue Mütterlichkeit. Angesichts des ab Mitte der 70er Jahre einsetzenden Geburtenrückgangs stürzten sich echte und selbst ernannte Experten auf die weniger werdenden Kinder. Die hohe Zeit der pädagogischen Konzepte begann, die aus den Hochschulen und Universitäten direkt in die Behörden und Institutionen geschleppt wurden, wo sie zu Richtlinien, Verordnungen, Formblättern umgearbeitet wurden. Soweit die Theorie.

In der Praxis musste man sehr schnell feststellen, dass nicht alle

Kinder intelligent und ausgeglichen waren. Als Erklärung für dieses Phänomen wurden abwechselnd die Gesellschaft und die familiären Verhältnisse bemüht. Allein das Ziel stand fest: Durch intensive Förderung sollte aus jedem »benachteiligten« Kind ein Genie werden. Und wenn das nicht funktionierte, konnte die Schuld immer noch im konservativen, restriktiven, sonstwie-iven Elternhaus gesucht werden. Je mehr beispielsweise die Lehrer mit Fortbildung, Konzeptfindung und Politik beschäftigt waren, desto stärker war das Elternhaus gefragt. Selbstredend, dass es die Mütter schon richteten, wenn in der Schule mal wieder der Unterricht ausfiel. Weil doch alles für die Kinder getan wurde, durften sich die Eltern auch nicht beschweren. Um die Familie, dieses grausam bürgerliche Ideal, ging es schließlich nicht.

Die Früchte dieser verfehlten Bildungspolitik erntete die Bundesrepublik im Herbst 2001: Jeder vierte 15-Jährige kann Texte nicht sicher lesen und verstehen. Die meisten dieser Schüler sind männlich und kommen aus nicht-deutschen Familien. Im Klartext: Die so oft beschworene Integration von Ausländern findet nicht statt, unter anderem deshalb nicht, weil die Kinder die deutsche Sprache nicht gelernt haben. Die »Pisa«-Studie der OECD zeigte zudem auf, dass der Schulerfolg in Deutschland wie in keinem anderen Industriestaat abhängig vom Einkommen der Eltern ist. Der Leiter des Max-Planck-Instituts für Bildungsforschung, Jürgen Baumert, der die deutsche »Pisa«-Auswertung betreute, machte im »Tagesspiegel« vor allem die mangelnde Weiterbildung von Lehrern und fehlende pädagogische Konzepte an den Schulen für das schlechte deutsche Abschneiden verantwortlich. »Die systematische Professionalisierung der Lehrer ist der Schlüssel«, meinte Baumert auf einer Pressekonferenz in Düsseldorf.

Mit dieser Professionalisierung tun sich die deutschen Bildungspolitiker schwer. Es gibt unzählige Lehrpläne, aber keinen verbindlichen Bildungskanon. Stattdessen lebt in vielen linken PolitikerInnen, die vor 1960 geboren wurden, eine tiefe Abneigung gegen das angebliche Bildungsbürgertum fort. Dank ihrer Herkunft aus überwiegend intakten Familien genossen diese Männer und Frauen eine »klassische Ausbildung«. Weil sich aber weder die Zeit am humanistischen oder naturwissenschaftlichen Gymnasium noch die intakte Ehe der Eltern einfach aus der Biografie streichen lässt, muss das schlechte Gewissen über eine glückliche Kindheit und beste Bildungschancen anders abgearbeitet werden. Das führt zu einer Romantisierung von prekären Lebensverhältnissen und ist oft Grundlage für Minderheitenpolitik: Familiennachzug, Asylfrage, Ächtung von Kinderarbeit weltweit. Hier ist man schnell mit Forderungen zur Stelle. Die eigenen indessen müssen ja nicht unbedingt mit vielen Ausländerkindern in eine Klasse gehen …

In vielen skandinavischen Ländern ebenso wie in Frankreich und den Niederlanden richtete sich die Politik, auch Schul- und Bildungspolitik, ab den 70er Jahren verstärkt an den Bedürfnissen von Familien aus. Dagegen arbeitete in Deutschland die ab 1980 wieder regierende CDU an einem Frauen-zurück-an-den-Herd-Programm. Mit perfider Argumentation wurde das Gesetz über den Erziehungsurlaub als frauen- und familienpolitische Großtat verkauft. In Wirklichkeit zementierten die Politiker mit der Einführung des Erziehungsurlaubs die »klassische« Mutterrolle: Bleibe zu Haus und nähre den Nachwuchs. Daran änderte auch die Forderung des Verfassungsgerichts nach der flächendeckenden Bereitstellung von Kindergartenplätzen wenig. Einen Rechtsanspruch haben Eltern lediglich auf einen Halbtagsplatz. Wie Eltern in vier Stunden den Weg zur Arbeit, ihre berufliche Tätigkeit und den Rückweg zum Kindergarten schaffen sollen, bleibt das Geheimnis der Politiker, die die Flächendeckung in ihrem Bezirk verkünden.

Angesichts der steigenden Arbeitslosenzahlen nach der Wiedervereinigung wurden in CDU-Kreisen die Verantwortlichen schnell gefunden: die Frauen. Weil sich vor allem die Ostfrauen nicht mit einer Rolle als Hausfrau und Mutter begnügen wollten, tauchten sie immer wieder in der Arbeitslosenstatistik auf. Sehr zum Unmut der Herrenriege um Helmut Kohl, denen diese Statistiken regelmäßig die ganze schöne Vereinigungsfreude verhagelte. Es ist sicherlich eine böse Unterstellung, dass die Ostfrauen vom Arbeitsmarkt vertrieben werden sollten. Dass in den neuen Ländern massenhaft Kinderkrippen und Tagesheime geschlossen wurden, hatte bestimmt allein mit den Kosten der Wiedervereinigung zu tun. Und dass die neu eingesetzten Westmanager ihre Geschlechtsgenossen trotz schlechterer Qualifikation bevorzugten, war bestimmt kein Sexismus, sondern reine Realpolitik. Schließlich wusste man ja, dass das mit der Kinderbetreuung im Osten so nicht weitergehen würde. Zu teuer. Da waren andere Investitionen dringender. Zum Beispiel Dienstwagen oder neue Möbel für die Behörden oder die Sanierung von Häusern. Sachwerte bringen eben mehr als Humankapital.

Trotz alledem sind die Mütter keineswegs die armen unterdrückten Wesen, die die 70er-Jahre-Frauenbewegung aus ihnen so gerne machen möchte. Wenn es für einen Ganztagsjob nicht reicht, wird halbtags gearbeitet, wenn es mit der Kinderbetreuung von Amts wegen nicht funktioniert, organisiert frau andere Möglichkeiten. Mutti frustriert zu Haus ist in Deutschland eher die Ausnahme. Mitte der 90er Jahre arbeiteten in Westdeutschland knapp ein Fünftel aller weiblichen Erwerbstätigen (2,95 Millionen Frauen) Teilzeit. Nur 39 Prozent der Mütter mit Kindergartenkindern und 33 Prozent der Mütter mit Grundschulkindern arbeiten nicht! Im Osten liegen die Zahlen sogar noch niedriger: Dort sind lediglich 12 Prozent der Mütter mit Kindergartenkindern und 9 Prozent der Mütter mit Grundschulkindern nicht erwerbstätig.

Susanne Weingarten und Marianne Wellershoff weisen in ihrem Buch »Die widerspenstigen Töchter« nach, dass »viele Frauen nahezu um jeden Preis in der Berufswelt aktiv sein und sich nicht als ›Nur-Hausfrauen‹ verstehen wollen.« Aber: »Wenn Frauen sich in einer solchen historischen Phase der Wahlfreiheit ihres Lebensstils also dafür entscheiden, als Ehefrau, Hausfrau und Mutter zumindest für eine mehrjährige ›Familienpause‹ zu Hause zu bleiben, dann sollte ihnen eine zeitgemäße Frauenbewegung zutrauen, ihre eigenen Prioritäten gesetzt und dieses Leben gewollt zu haben.«

Schlau erkannt. Und die Väter? Die Erfahrungen mit dem deutschen Erziehungsurlaub zeigen, dass die deutschen Männer nicht an einer längeren Familienpause interessiert sind. Das bedeutet allerdings nicht, dass ihnen ihre Kinder egal wären. Der brutale, gleichgültige Vater existiert doch vielerorts nur in den Köpfen von Alt-Feministinnen. Die wollen nicht nur Susanne Weingarten und Marianne Wellershoff endgültig in den Ruhestand schicken: Denn eine neue Frauenbewegung muss »Toleranz üben und sich auch bei ›gemischten‹ Lebensplanungen für bessere Lebens- und Arbeitsbedingungen von Frauen einsetzen, anstatt ihnen selbstgerecht und fürsorglich-bevormundend (zumindest implizit) feministische Planlebensläufe zuzuweisen.« Recht haben sie, die beiden Autorinnen. Aber kann Frauenpolitik unabhängig von Familienpolitik gemacht werden?

Eltern in Deutschland haben keine gute Lobby. Selbstverständlich möchte sich jeder mit dem Attribut familienfreundlich schmücken. Der Reisekonzern, die Restaurantkette, das Kaufhaus. Denn bei aller Diskriminierung der einzelnen Mutter oder des einzelnen Vaters hat die Wirtschaft erkannt, dass mit Kindern und Jugendlichen gutes Geld zu verdienen ist. Und die Gören wissen, wer die Macht über das Portemonnaie hat. Frauen kontrollieren 70 Prozent der Budgets privater Haushalte! Obwohl die Weiber doch in den Augen vieler Männer nicht mit Geld umgehen können. Kein Unternehmen kann es sich leisten, die Wirtschaftsmacht Familie zu ignorieren. Bei ihren Einkäufen entscheiden Frauen täglich neu, wer top und wer hopp ist. Familien steht zwar prinzipiell weniger Geld zur Verfügung als kinderlosen Doppelverdienern – doch das geben sie garantiert für Güter des täglichen Bedarfs aus.

Trotz ihrer wirtschaftlichen Macht werden Eltern und Kinder politisch ignoriert. Im Kopf der meisten Familienpolitiker ist ein Bild von »heiler Familie« verankert, dem Vater, Mutter, Kind entsprechen müssen. Nur so lässt sich die Bevormundung von Familien in vielen Bereichen des Lebens erklären. Es wird nicht geschaut, was Eltern und Kinder tatsächlich brauchen könnten, sondern vorgegeben, was »richtig« ist. So muss beispielsweise die Konsumgesellschaft als Erklärung dafür herhalten, wenn deutsche Kinder schlechte SchülerInnen sind. Dass ein Shopping-Bummel ein Familienvergnügen darstellen kann, wollen die Erzieher unter den Politikern nicht verstehen. In ihren Augen sollte die Familie in der Freizeit besser beim gemeinsamen Spiel im Wohnzimmer sitzen. Familien brauchen weder Mitleid noch Bevormundung, weder Idealisierung noch Ausgrenzung. Durch die Aufrechterhaltung bestimmter Klischees gelingt es fortwährend, sich vor den Alltagsproblemen vieler Familien zu drücken.

Problem eins: Unbeweglichkeit. Die moderne Gesellschaft fordert einen flexiblen Menschen. Arbeitslos in Ostfriesland? Macht gar nichts, in Baden-Württemberg werden Facharbeiter händeringend gesucht. Aber wer tatsächlich bereit ist, sich mit Sack und Pack von A nach B zu bewegen, erlebt sein blaues Wunder.

Das mit der Wohnungssuche und dem eigentlichen Umzug ist dabei noch das Geringste. Aber Behörden sind republikweit nicht auf bewegliche Familien angelegt. Zur Schule muss man sich ungefähr sieben Monate vor Schuljahresbeginn anmelden. Kindergartenplätze werden nach Stichtagen vergeben. Musikschulen haben außerhalb strenger Einschreibungsfristen keine Aufnahmekapazitäten. Ein »Anspruch« hilft Eltern in solchen Fällen wenig. Um bestehende bürokratische Hürden zu überwinden, braucht es mehr als zwei zusätzliche Urlaubstage. Zum Beispiel ein dickes Fell, um behördliche Unverschämtheiten beherzt ignorieren zu können. Angesichts dieser Schwierigkeiten darf es nicht verwundern, dass Familienumzüge sich in der Regel nur im eng gesteckten Radius einer Stadt/Gemeinde abspielen.

Problem 2: Zeitmanagement. Kinder kommen zwar als Säuglinge auf die Welt, doch klein und niedlich bleiben sie nicht lange. Trotzdem beschränken Politiker ihre Arbeit gern auf die Gruppe der Drei- bis Sechsjährigen. Für die Betreuung kleinerer Kinder besteht kein Bedarf, weil Vater und Mutter doch Anspruch auf Elternzeit haben. Nach dem 6. Geburtstag beginnt die Schule, dann sind Kinder ja von Amts wegen versorgt. Aber welche/r Sechsjährige schafft schon allein seinen Schulweg? Und kann sich selbst etwas zu essen machen? Oder die Uhr so gut lesen, dass er/sie von sich aus weiß, wann der Sportkurs beginnt? Bis zum 10. Lebensjahr benötigen die meisten Kinder Betreuung durch einen Erwachsenen. Wobei nicht gesagt ist, dass dies die Mutter oder der Vater sein muss. Im Gegenteil.

Doch in Deutschland steht eine ganze Wand von Vorurteilen gegen eine aushäusige Betreuung von Kindern. Seitdem die katholische Front bröckelt, wird bei der Argumentation gern die Psychologie zu Hilfe genommen. Irgendwann im 20. Jahrhundert kam die Forschung zu dem Schluss, dass die Persönlichkeitsentwicklung eines Kindes entscheidend von der Mutter-Kind-Beziehung abhängt. Wenn Mutti das Kind nicht stillt, es ablehnt oder sich nicht genügend kümmert, wird aus dem kleinen unschuldigen Wesen ein völlig verkrüppeltes Etwas. Vielleicht sogar ein Verbrecher! Seit Jahrzehnten tauchen in der psychologischen und pädagogischen Literatur Berichte auf, die erklären sollen, welche immense Verantwortung Mütter haben. Nach diesen Theorien ist ein Neugeborenes wie ein Klumpen Lehm, zwar lebendig, aber komplett formbar. Die Bedürfnisse des Kindes zu entdecken, sollte nunmehr die wichtigste Aufgabe der Mutter sein. Ein Baby darf frau niemals schreien lassen. Ein Baby muss frau immer ganz doll lieb haben. Ein Baby braucht Massagen, individuelle Förderung, ständigen Körperkontakt. Wer als Neu-Mutter angesichts dieser Tipps den Überblick verliert, kann auf ein reichhaltiges Angebot von Ratgebern zurückgreifen. Dass diese einander zum Teil widersprechen, darf eine echte Mutter nur bedingt aus dem Konzept werfen. Wichtig ist, dass sie die Hauptforderung der Psychologen verinnerlicht: Sei ab sofort nur noch für ES da.

Wen wundert's, dass angesichts dieser Gehirnwäsche selbst die ehemals erfolgreiche Managerin schmutzige Windeln auskocht, weil die Produkte aus Industriefertigung ja so schlecht für Babys Haut sind. Falsches Bild: Die ehemalige Managerin beauftragt für diese Arbeit selbstverständlich einen Windeldienst und nutzt die gewonnene Zeit, sich in Babymassage oder dem Prager Eltern-Kind-Konzept weiterzubilden. Ein Ende dieser Entwicklung scheint nicht in Sicht. An der Uni Köln (www.uni-koeln.de/hp-fak/gb/informationen/heinen) beispielsweise schmückte man sich im Herbst 2001 mit folgenden Texten aus einer Seminarveranstaltung:

> »Das Wichtigste für ein Kind in den ersten Lebensjahren ist eine enge und naturgegebene Gemeinschaft mit der Mutter. Eine gute Voraussetzung für eine positive Entwicklung beinhaltet nicht nur die physische und medizinische Pflege, sondern vor allem den intensiven seelischen Kontakt mit der Mutter bzw. einer Ersatzperson. Eine solche gut funktionierende stetige Beziehung zwischen Mutter und Kind bedeutet eine Befriedigung für beide und legt den Grundstein für die Charakterentwicklung des Kindes, sowie für seine seelische Gesundheit. ... Sollte die intensive Beziehung zwischen Mutter und Kind

unterbrochen werden bzw. gar nicht existieren, können Deprivationen die Folge sein. Hierbei wird zwischen der partiellen Deprivation, die eine eingeschränkte Befriedigung bedeutet, und der totalen Deprivation, die das Ausbleiben der gesamten Beziehung beinhaltet, unterschieden. Letztere kann verursacht werden durch z. B. Verlust der Mutter durch Tod, Krankheit oder durch Trennung von der Mutter und einer Unterbringung bei fremden Personen.

Ferner kann es zur Deprivation kommen, wenn die bestehende Mutter-Kind-Beziehung unterbrochen wird oder wenn der bestehende Kontakt unzulänglich ist, d. h. durch Ablehnung, Feindseligkeit, Grausamkeit, übertriebene Nachsichtigkeit, Herrschsucht (ein) Mangel an Gefühlen entgegengebracht wird. Die partielle Deprivation zieht häufig Angst, exzessive Liebesansprüche, Hassgefühle und Depressionen nach sich. Die totale Deprivation kann sogar zu Beziehungsunfähigkeit bzw. Kontaktunfähigkeit zu anderen Menschen führen.

Die ersten drei Lebensjahre bedeuten eine besondere Gefahr bei einer Trennung von der Mutter. Ab dem 3. Lebensjahr besteht bei günstigen Voraussetzungen, wie z. B. Unterbringung bei einer bekannten Betreuungsperson, kaum noch die Gefahr für eine Deprivation.«

Andere Wissenschaftler haben längst bewiesen, dass eine Fremdbetreuung bei Kindern unter drei Jahren keine bleibenden Schäden hinterlässt. Weder Skandinavier noch Franzosen weisen überdurchschnittlich mehr gestörte Bürger auf als Deutschland – und in allen Ländern ist es seit Jahren üblich, wenige Monate alte Kinder in die Krippe zu geben. Die Schuldgefühle, die eine deutsche Mutter prägen, sind der normalen Dänin oder Belgierin unbekannt. Dafür sind sie allerdings auch nicht so perfekt wie eine Deutsche: Die garantiert ihrem Kind eine Vollzeitbetreuung. Die Mutter neben ihrer

Rolle als Erzieherin, Köchin, Putzfrau zudem in ihrem Nebenberuf Animateurin, Chauffeurin, Psychologin. Deutschland, deine Übermütter.

Nun ist es beileibe nicht so, dass jede Frau problemlos in ihre neue Rolle schlüpft. Schwangerenbetreuung, Geburtsvor- und -nachbereitung helfen ihr auf den Weg. Denn so ganz ohne Hilfe wird aus der intellektuellen Berufstätigen kein Mama-Tier. Trotzdem hält sich hartnäckig die Meinung, dass eine Frau qua Mutterwerdung durch Entbindung all das können soll, was beispielsweise eine ausgebildete Erzieherin, Kinderpflegerin, Ärztin in einer langen Ausbildung lernt. Dass in diesem Superprogramm kein Platz für Männer ist, versteht sich fast von selbst. Modelle wie der deutsche Erziehungsurlaub zementieren die klassischen Geschlechterrollen. Das behaupten nicht die Feministinnen, sondern die Meinungsforscher von Allensbach. Sie haben herausgefunden, dass die männliche Bereitschaft zur Hausarbeit schon mit der Eheschließung sinkt. Und eine LBS-Studie kam zu dem Ergebnis, dass sich die Zahl der Ehscheidungen drei bis vier Jahre nach der Geburt des ersten Kindes häufen.

Frustrierte Väter, überforderte Mütter. Auf Hilfe können Familien in diesen Situationen kaum hoffen. Nach außen hin erfüllen sie ja das von konservativen Kräften geforderte Modell Familie. Und die Werbung zeigt ihnen, wie sie ihren Alltag zu regeln haben. Entspannte Mütter, glückliche Kinder, freundliche Väter. Ein solches Bild liefert eine Familie mit Kleinkind meist nur dann, wenn alle Beteiligten vor Erschöpfung eingeschlafen sind. Weil Erziehung immer noch als Privatsache verstanden wird, entwickelt sich in Deutschland auch nur mühsam eine Bewegung, die eine Beteiligung der Väter an der Erziehung fordert. Tendenziell sind die Ansätze der neuen Familienzeit ganz nett – solange allerdings keine neuen Arbeitszeitmodelle entwickelt werden, ist die Forderung nach Teilzeitarbeit für Eltern illusorisch. Daran ändert auch die

Tatsache nichts, dass Eltern per Verordnung von oben ein Rechtsanspruch eingeräumt wird.

Um Teilzeit arbeiten zu können, muss dies im Betrieb auch möglich sein. Doch schon der Wunsch nach einer täglichen Arbeitszeit von sechs Stunden bringt viele Unternehmen an den Rand ihrer Organisationsfähigkeit. Halbtags arbeiten, ja. Tageweise arbeiten – auch in Ordnung. Aber jeden Tag anwesend sein und das für weniger als acht Stunden? Wer soll denn dann die Arbeit für den Rest des Arbeitstags erledigen?

Die Folgen solcher starren Arbeitsprozesse sind bekannt: Weil in qualifizierten Berufen außerhalb von Behörden die Teilung einer Stelle (Jobsharing) angeblich nicht funktioniert, müssen Teilzeitarbeiter Kompromisse machen. Wer nicht Vollzeit arbeiten will, muss die uninteressanteren, unbeliebten, nervigen Aufgaben übernehmen. Viele Teilzeitbeschäftigte fühlen sich zudem von den Kommunikationsströmen im Unternehmen abgeschnitten. Kein Wunder, dass solche Aussichten für Menschen am Beginn ihrer beruflichen Laufbahn – Eltern werden die meisten Deutschen statistisch gesehen um ihr 30. Lebensjahr – ungemein wenig attraktiv sind.

Eltern stehen also vor dem bekannten Dilemma: Wer kümmert sich um das Kind/die Kinder? Hilfe von staatlichen Stellen ist nicht zu erwarten. Denn Erziehung ist schließlich Privatsache! Und selbst aktiv werden? Einzig eine Partei gesteht in Deutschland Eltern das Recht auf politische Aktion zu: die Grünen. Sie erstatten ihren Mitgliedern mit Kindern in vielen Ortsverbänden qua Satzung die Kosten für den Babysitter!

Bürokratie ist männlich

Familienarbeit weiblich?

Wann immer in Deutschland über Geburtenrückgang gesprochen wird, richten sich die Augen der Massen hoffnungsvoll auf die Politik. Ein rührendes, naives Unterfangen. Denn in den Parlamenten sitzen jede Menge Beamte, die kontrollieren sollen, dass die in den Verwaltungen herrschenden Beamten von Beamten entwickelte Beschlüsse in die Tat umsetzen. Politik in Deutschland zeichnet sich daher schon lange nicht mehr durch Aktion und Kreativität aus. Eher durch Besitzstandswahrung. Daher kann in Deutschland niemand wirklich eine Veränderung der Familienpolitik erwarten. Fortschritt ist Gift für die Bürokratenseele. Er bedeutet nämlich auch Veränderung. Oder Überdenken der bisherigen Spielregeln. Und neue Ideen bringen garantiert Unruhe in festgefahrene Abläufe. Ohne ein Regelwerk von Verordnungen und Durchführungsvorschriften können Verwaltungsmenschen allerdings nicht existieren.

Nun soll es ja auch in dieser Republik PolitikerInnen geben, die nicht länger bereit sind, sich in ihrem Handeln von den immensen Kosten der Bürokratie dominieren zu lassen. Angesichts knapper Mittel ist diesen Männern und Frauen klar, dass es ohne Verwaltungsreformen nicht geht. Denn der Apparat frisst seine Bürger und die chronische Finanzknappheit engt den Spielraum der Politik immer mehr ein.

Eigentlich weiß jeder wirtschaftlich denkende Mensch, wie man sich in schwierigen Zeiten verhält: nur so viel Geld ausgeben, wie eingenommen wird. Allein für Vater Staat scheint das nicht zu gelten. Nicht, dass die Bürokraten beratungsresistent sind. Im Gegenteil. In jedem knappen Haushalt finden sich immer noch ein paar Hunderttausende, mit denen man Consultingfirmen bezahlen kann. Vermutlich gibt es keine Behörde in diesem Land, die nicht mindestens einmal von unten nach oben und wieder zurück untersucht wurde. Heraus kommt immer das gleiche: zu teuer, zu unflexibel, zu schlecht organisiert. Selbst die Empfehlungen gleichen sich: sparen, Verordnungen streichen, Hierarchien abbauen.

Und weil deutsche Bürokraten auf ihre Art fleißig sind, mühen sie sich redlich, unternehmerischer zu werden. Das klappt am besten, wenn Verantwortlichkeiten erst einmal delegiert werden. Mit der richtigen Strategie lassen sich dann sogar Kosten sparen – in der eigenen Kostenstelle. Bewährte deutsche Methode ist die Umverteilung.

Wie diese funktioniert, lässt sich im Sozialbereich besonders gut beobachten: Aufgaben werden vom Bund an die Länder, von den Ländern an die Gemeinden weitergereicht. Vom Staat an einen Sozialversicherungsträger. Oder, siehe Renten, gleich von einer Generation an die nächste. Zahlen dürfen immer die Letzten in der Kette, und das sind meist die Städte und Gemeinden. Die sind für die Gewährung von Sozialhilfe zuständig und dürfen ihre Kassen öffnen, wenn durch eine »Jahrhundertreform« mal wieder die Arbeitslosen-, Renten-, Kranken- oder Pflegeversicherungskassen entlastet werden.

Die vielen Reparaturversuche gehen ins Geld. Denn das System Bürokratie nährt sich selbst. Jeder Einsparungsvorschlag wird von denen geprüft, die eigentlich eingespart werden sollen. Ein absurder Kreislauf, der außerhalb der Welt von Aktenlaufzetteln und Bestimmungen über die Stiftfarbe der Zeichnungsberechtigten in sich zusammenbrechen würde. Aber Bürokratie beschränkt sich nicht allein auf sich selbst. Sie legt großen Wert darauf, nach außen zu wirken. Mit bremsendem Erfolg. Ihre Strukturen hemmen gesellschaftliche Entwicklungen. Was das Prinzip gebracht hat, zeigt sich besonders gut im Bereich der so genannten frauen- oder familienfreundlichen Gesetze.

Als sei Gleichberechtigung durch einen Verwaltungsakt zu erreichen, werden landauf landab Gleichstellungsparagrafen und -verordnungen in den Behörden formuliert. Und Jobs geschaffen, für Gleichstellungsbeauftragte. Die dürfen dafür bei jedem Einstellungsgespräch dabeisitzen und ein schlaues Gesicht machen. Und Stellenanzeigen auf ihre Geschlechtsneutralität überprüfen. Wenn das gemeine Volk in Form des Bürgers Fragen hat, werden diese Briefe manchmal sogar beantwortet. Ach ja, und um die Namenszusätze an Straßenschildern – siehe Beispiel Hamburg – kümmern sich Gleichstellungsbeauftragte ebenfalls.

Geliebt werden sie dafür nicht. Da geht es ihnen wie anderen »Staatsdienern«. Der Deutsche mag seine Verwaltung nicht – und leidet still. Er erträgt es mit masochistischer Seelenruhe, dass nach Aktenlage über sein Leben entschieden wird. Deshalb bleibt normalen Bürgern nur, sich den Segnungen der Verwaltung möglichst weiträumig zu entziehen. Was schwierig ist, denn die üppig wachsende Bürokratie schlängelt sich mit ihren würgenden Krakenarmen in jeden Bereich des Lebens.

Ein Team der Unternehmensberatung Arthur D. Little errechnete für den »Spiegel«, dass sich allein durch den Einkauf günstigerer Leistungen bei Privatanbietern pro Jahr mehr als fünf Milliarden DM sparen ließen. Preisvergleiche in der Verwaltung? Der öffentliche Dienst kennt keine klare Kostenrechnung. Wenn die Mittel nicht reichen, wird einfach an der Gebührenspirale gedreht. Das Geld für Kindergärten reicht nicht? Zahlen die Eltern doch einfach ein bisschen mehr. Dass Kindergartenplätze in Deutschland vielleicht nur deshalb so teuer sind, weil die Betreiber einen wahren Wust von baulichen und sonstigen Verordnungen erfüllen müssen, interessiert in den Behörden niemanden.

Denn die deutsche Verwaltung ist durch und durch männlich. Klar arbeiten in den Ämtern auch Frauen. Aber den dortigen Arbeitsabläufen liegt ein strikt maskulines Denken zugrunde. Von oben nach unten. Einer ist der Chef, die anderen folgen. Keine unnötige Kommunikation, kein vernetztes Handeln. Urmännlich, wie damals in der Höhle. Wie's dort zuging, hat Wolfgang Röhl in einem »Stern«-Artikel nachgezeichnet. Nicht ganz ernst gemeint, wie er im Vorspann schrieb, wohl als Erklärung für seine Geschlechtsgenossen, die es normalerweise nicht so mit der Kommunikation haben:

»Wenn der Steinzeitmann mit seiner Horde auf die Jagd ging, beschränkte er sich auf den Austausch essenzieller Infos (›Mammut von links‹). Unterdessen hockte seine Lebensabschnittsgefährtin in der Höhle mit anderen Frauen und Kindern und tratschte. Das war sehr wichtig für den Erfolg der Spezies Mensch, denn es festigte den sozialen Zusammenhalt. Männer können Tierstimmen besser imitieren, doch das ist's auch schon. Nach einem Plapper-Gen oder Quassel-Enzym bei Frauen wird noch gefahndet, aber fest steht: Es ist weder Zufall noch Erziehung, dass sie so oft als TV-Moderatorinnen, Dolmetscherinnen oder PR-Damen in Erscheinung treten. Und so selten als Angler oder Leuchtturmwärter. Wenn Renan Demirkan oder Herta Däubler-Gmelin ganze Talkshows niederbrabbeln, ist das nicht ihre Schuld. Sie können nicht anders. Hängt alles mit der Höhle zusammen.

Männer, im Urberuf Jäger und Problemlöser, reden von jeher zielgerichtet, sachbezogen und prollig (›Das Bier hier schmeckt Scheiße, machen wir uns vom Acker‹). Ein Dialog unter echten Männern liest sich wie einst am O. K. Corral: ›Wird es zum Kampf kommen, Wyatt?‹ (Doc Holliday zu Wyatt Earp) ›Ich denke, es muss sein, Doc.‹ (Earp zu Holliday).«

Mag sein, dass diese problemorientierte Männerart in der freien Wirtschaft zu machtvollen Herrschern und taffen Managern führt. Noch hat allerdings kein Forscher untersucht, wie es sein kann, dass in Verwaltungen immer die Männer sitzen, die nicht zur Führung taugen. Was ja nichts Schlimmes ist. Trotzdem wäre es für diese Republik gesünder, es würden Entscheidungen getroffen, statt Richtlinien formuliert.

Dass es in deutschen Amtsstuben in der Wirklichkeit noch schlimmer zugeht, hat Rainer Jung in »Das Sonntagsblatt« skizziert: »Mit der größeren Entscheidungsfreiheit wachsen aber auch die Anforderungen an das Führungspersonal. Und an dessen Fähigkeiten haben Fachleute ihre Zweifel ... Das liegt nicht nur an der verbreiteten Parteibuch-Wirtschaft. Wer im öffentlichen Dienst arbeitet, gewöhnt sich an ein starres System, in dem Entscheidungsfreudigkeit nicht gefragt ist. Viele Arbeitsabläufe muten geradezu kafkaesk an.

In einem süddeutschen Regierungspräsidium stieß Berater Kirfel etwa auf Anfragen, deren Bearbeitung lediglich 15 Minuten dauerte. Danach mussten die Papiere jedoch ›zur Kenntnisnahme‹ weitergeleitet werden. Verweildauer auf dem Dienstweg: drei bis sechs Tage. Als Kirfel die Mitarbeiter im Finanzamt Schwäbisch Gmünd nach Ideen für ein effizienteres Arbeiten befragte, kamen Dutzende von Anregungen. Viele ließen sich ohne großen Aufwand, aber mit einigem Erfolg umsetzen: Allein die Sachkosten schrumpften seitdem um 2,5 Millionen DM.

›Wenn man die Leute nur lässt, wird da ein großes Potenzial frei‹, glaubt der Berater. Eine Feststellung, die auf Deutschlands Behördenfluren allerdings nicht nur für Freude sorgen dürfte. Denn über eines sind sich alle Experten einig: In einem wettbewerbsfähigen öffentlichen Dienst werden nicht nur höher motivierte und leistungsgerecht bezahlte Mitarbeiter tätig sein, sondern auch erheblich weniger als bisher.«

Bis zu 25 Prozent der Arbeitsplätze ließen sich im öffentlichen Dienst streichen, rechnen Berater den Ministerien immer wieder vor. Und verweisen auf das niederländische Tilburg, dessen schlanke und bürgerfreundliche Verwaltung in Europa als leuchtendes Beispiel gefeiert wird. Dort blieben von einst 3000 städtischen Bediensteten nur noch 1500 übrig.

Die Zahlen stammen aus dem Jahr 1996. Hätte damals jemand den Deutschen prophezeit, wie richtig gute deutsche Bürokratie funktioniert, er/sie wäre als Spinner verlacht worden. Das waren die Zeiten vor Minister Riester.

Ihm verdanken die Deutschen zum wiederholten Mal eine Reform der Rentenversicherung. Dafür hat sich der Ex-Gewerkschaftsmann als Held feiern lassen. Denn die Rente in Deutschland ist nicht länger nur eine Sache von Amts wegen. Nein, es gibt jetzt sogar eine private Komponente. Keine Angst, kein Bürokrat würde gewöhnlichen Arbeitnehmern zutrauen, ganz allein für das Alter vorzusorgen. Das wäre undeutsch. Aber dank Geld-Versickerungs-Taktik durch Bürokratisierung wurden die Mittel bei der Rentenversicherungsanstalt knapp. Außerdem werden alle immer älter und kriegen immer weniger Kinder. Um den Generationenbetrug fortführen zu können, ging es erst einmal den Beitragszahlern ans Portemonnaie. Die aktuellen Beiträge wurden erhöht, damit künftig niedrigere Renten ausgezahlt werden können. So weit, so logisch. Doch um die Kürzungen nicht gar so schlimm ausfallen lassen zu müssen, wurde das Monstrum Riester-Rente geschaffen. Es gibt also wieder Geld vom Staat (Steuergelder!), damit Arbeitnehmer eine private Rentenversicherung abschließen. Welche das sein darf, legt eine Zertifizierungsbehörde fest, die extra zu diesem Zwecke gegründet wurde.

Der Stand im November 2001: Weder Versicherungsunternehmen, die eigentlich Interesse an einer Privatisierung der Renten haben, noch Bürger, denen jeder Schritt recht sein kann, um weniger Geld in staatliche Kassen zahlen zu müssen, hatten in Gänze verstanden, was die neue Förderrente eigentlich soll. Doch der Gewinner stand bereits damals fest: die Bürokratie. Denn 1000 neue unkündbare Arbeitsverhältnisse brachte die Reform mindestens.

Der Trend zu mehr Verwaltung und Regulierung ist in Deutschland seit Anfang der 70er Jahre ungebrochen. Gesetzt wird auf die alles regelnde Hand des Staates. Und als jedes Rohr vermessen, jede Hundezwingergröße festgelegt, jeder Benachteiligte erkannt war, stellte man entsetzt fest, dass es noch immer verordnungsfreie Bereiche gab. Jede Forderung nach Entscheidungsfreiheit für den Bürger setzt eine eindeutige Richtlinie in der zuständigen Behörde voraus. Und so nährt der Moloch Verwaltung sich redlich – und kostet und kostet und kostet.

Insbesondere rund um die Sozialgesetzgebung wuchert in Deutschland der bürokratische Dschungel. Weil schließlich nicht jeder einfach so vom sozialen Netz profitieren darf, steigt der Anteil derjenigen, die die knapper werdenden Mittel verteilen dürfen. Wo das nicht ausreicht, helfen Neuregelungen, das Chaos weiterzutreiben. Ein Bericht des Bundesrechnungshofes:

»Nach der Neuregelung des Familienleistungsausgleichs sind private Arbeitgeber im Grundsatz verpflichtet, Kindergeld zusammen mit dem Arbeitslohn auszuzahlen. Aufgrund weit reichender Ausnahmebestimmungen zahlt die Bundesanstalt für Arbeit das Kindergeld jedoch in etwa zwei Drittel der Fälle auch weiterhin aus. Die Arbeitgeberauszahlung verursacht zusätzlichen Aufwand für die Bundesanstalt für Arbeit, die Finanzämter, die privaten Arbeitgeber und die Arbeitnehmer und beeinträchtigt zudem die Verfahrenssicherheit. Diese Probleme würden entfallen, wenn aufgrund einer entsprechenden Gesetzesänderung die Bundesanstalt für Arbeit – neben der ohnehin von ihr vorzunehmenden Festsetzung des

Kindergeldes – auch die Auszahlung des Kindergeldes wieder einheitlich vornehmen würde. Die Gesetzesänderung wäre für den Bund mindestens kostenneutral.«

Nun ist es ja nicht so, dass es bei der Gesetzesänderung von 1996 keine guten Absichten gab. Die damals regierende CDU wollte – völlig uneigennützig versteht sich – verdeutlichen, dass das Kindergeld die Steuerbelastung mindert. Hatten sich vermutlich Bürokraten überlegt, die einen Gehaltszettel mit anderen Augen als ein Arbeitnehmer lesen. Arbeitnehmer gucken nur, was am Ende rauskommt, die hohen Abzüge nehmen sie zumeist zähneknirschend hin. Nur ein Bürokrat freut sich über die kristalline Klarheit der Beitragsaufstellungen für Sozialabgaben und der Summen, die ans Finanzamt fließen. Garantieren diese Zahlen doch seinen Unterhalt!

Was nun die Kindergeldauszahlungen angeht: Der Bundesrechnungshof stellte lapidar fest, dass der von Politikern erwünschte Effekt »allenfalls in entsprechend verringertem Umfang eintreten (konnte). Der für die Bundesanstalt für Arbeit mit der Ausstellung, Versendung und Änderung von Kindergeldbescheinigungen für die Arbeitgeberauszahlung verbundene Verwaltungsaufwand ist weit höher als bei der automatisierten Auszahlung des Kindergeldes durch diese Behörde im Anschluss an die von ihr ohnehin vorzunehmende Prüfung der Anspruchsvoraussetzungen und Leistungshöhe. Die daraus resultierende Erhöhung der vom Bund zu erstattenden Verwaltungskosten kann nach derzeitigem Kenntnisstand bei vorsichtiger Schätzung in einer Größenordnung von 30 Mio. DM bis 40 Mio. DM angegeben werden.«

Diesmal ging die Geschichte glimpflich aus. Mit dem Steuerentlastungsgesetz 1999 wurde die Abschaffung des Arbeitgeberauszahlungsverfahrens zum 1. Januar 1999 beschlossen. Das ganze Experiment hat den Steuerzahler nur ein paar Dutzend Millionen DM gekostet.

Bürokratisches Denken herrscht in Deutschland nicht allein in den Amtsstuben. Die biologische Forschung hat gerade bestätigt, was viele Frauen seit langem vermuten. Männer denken ähnlich wie Computer, ja/nein, plus/minus, schwarz/weiß. Diese Fähigkeit gibt ihnen die Möglichkeit, schnell zu entscheiden (da Tiger, dort Baum, ich rauf). Es versetzt sie allerdings nicht in die Lage, mögliche Fehlentscheidungen zu revidieren. Ein Mann, zumindest der theoretische Mann, würde sich lieber die Zunge abbeißen, als um Hilfe zu bitten. Daher lieben die meisten Männer übrigens ihre Arbeitsstätten so sehr. Dort wissen sie jeden Tag ganz genau, was von ihnen verlangt wird, was sie wann tun dürfen.

Diese Form der Arbeit steht im krassen Gegensatz zur Familienarbeit. Ein Haushalt lässt sich zwar in groben Zügen organisieren, der Alltag mit Kindern erfordert aber ein hohes Maß an Flexibilität. Kinder pflegen nicht rechtzeitig anzukündigen, wann sie wachsen, kleckern, krank sind. Jede Planung (Kleider kaufen wir im Januar, wenn es billiger ist; montags ist Waschtag; an meinem freien Tag gehen wir ins Kino) muss daher ständig und jederzeit über den Haufen geworfen und neu überdacht werden.

Eine Familie mit all ihren Mitgliedern ähnelt einem kleinen mittelständischen Unternehmen, hat viel mit einem Handwerksbetrieb gemein. Dort gibt man sich große Mühe, all die wichtigen Dinge wie Liquiditätsplanung, Absatzförderung, Personalplanung perfekt zu organisieren. In den ersten Jahren nach der Gründung bleibt diesem Unternehmen jedoch wenig Spielraum. Wenn ein Kunde kommt, muss der Auftrag bearbeitet werden. Auch nach 17 Uhr, auch am Wochenende. Und als UnternehmerIn, ChefIn, MeisterIn gibt's dann eben keinen Urlaub und kein Verbot, mehr als 12 Stunden am Tag zu arbeiten. Genau wie in der Familie. Existenzgründer und Familien haben ganz ähnliche Probleme. Sie haben kein Geld, um einen großen Mitarbeiterstamm zu bezahlen. Sie müssen jederzeit flexibel reagieren können. Sie brauchen ein hohes Maß an Gelassenheit, um bürokratische Hürden zu nehmen – oder einfach zu umgehen. Und wenn es ihnen nicht gelingt, scheitert ihr Unternehmen.

Aber in Deutschland gibt es eine Riesengruppe, für die Flexibilisierung den schlimmsten anzunehmenden Ernstfall darstellen würde: die Gewerkschaften. Schon heute laufen den organisierten Arbeitervertretern die Mitglieder in Scharen weg. Durch den Zusammenschluss zu immer größeren Gruppen wollen die Gewerkschaften diesen Prozess stoppen. Doch selbst der Kollaps der New Economy hat den alten Männern kaum Zulauf gebracht – dabei war diese Gruppe nach Abflauen der ersten Euphorie durchaus an einer Interessenvertretung gegenüber ihren Chefs interessiert.

Ein echtes Eigentor schoss beispielsweise die IG Metall im Frühsommer 2001, als sie das von VW geplante Beschäftungsmodell 5000 mal 5000 scheitern ließ. Dazu der O-Ton der IG Metall aus einer Pressemitteilung vom 26. Juni 2001:

»Der Metall-Vorsitzende Klaus Zwickel hat VW für das Scheitern der Tarifverhandlungen zum Projekt 5000 mal 5000 verantwortlich gemacht. ›VW wollte mit diesem Projekt nicht nur den Haustarifvertrag des Unternehmens, sondern alle bisher in Deutschland geltenden Tarifstandards kippen‹, sagte Zwickel am Dienstag in Frankfurt. Die von VW angestrebten Einkommensregelungen hätten um mehrere tausend DM unter dem Niveau des Flächentarifvertrages für die Metall- und Elektroindustrie in Niedersachsen gelegen. Außerdem habe das Unternehmen von der IG Metall den Ausstieg aus der 35-Stunden-Woche und die Rückkehr zu einer regelmäßigen wöchentlichen Arbeitszeit von 42,5 Stunden verlangt. ›Das ist mit der IG Metall weder heute noch morgen zu machen‹, sagte Zwickel. Mit solch einem Modell hätten zwar kurzfristig 3500

Arbeitslose in Wolfsburg eingestellt werden können, doch die Verlängerung der Arbeitszeit bei VW wäre ein Dammbruch gewesen. ›Ähnliche Arbeitszeitmodelle hätten dann morgen alle anderen Automobilhersteller in Deutschland und übermorgen auch Unternehmen anderer Wirtschaftsbereiche eingeführt‹, betonte Zwickel. Das Ergebnis wären nicht mehr, sondern weniger Arbeitsplätze. Die flächendeckende Rückkehr zur 40-Stunden-Woche oder noch längeren Arbeitszeiten würde mehrere hunderttausend Arbeitsplätze in Deutschland gefährden.«

Man kennt das. Wer in Deutschland eine Idee zur Flexibilisierung der Arbeitsbedingungen äußert, wird immer mit dem Argument »Arbeitsplatzgefährdung« totgeschlagen. Das geht großen Konzernen so, das erleben die Vertreter der mittelständischen Wirtschaft. Dass die Gewerkschaften längst nur noch für einen kleinen Teil der Arbeitnehmerschaft sprechen, wird in solchen Situationen beherzt ignoriert. Denn für die meisten Gewerkschaftsvertreter sind Arbeitgeber noch immer Ausbeuter und Arbeitnehmer arme Opfer. Und als ein solch armes Hascherl ist der schuftende Arbeiter bestens beraten, wenn er starr zu festgesetzten Zeiten an seinem Arbeitsplatz hockt. Nur so bleibt er nämlich für die Gewerkschaft kontrollierbar und bei Bedarf als politisches Druckmittel nutzbar.

Dennoch: Gewerkschaften in Deutschland sind eine aussterbende politische Macht. Auch durch die Gründung von Supergewerkschaften wie ver.di ließ sich der rasante Mitgliederschwund nicht aufhalten. Das Interesse der Jungen an den Alt-Männer-Bünden ist gering. Selbst in den Betrieben spielen Arbeitnehmervertretungen eine untergeordnete Rolle. Nur knapp 40 Prozent der Beschäftigten werden durch Betriebsräte vertreten, wissen die Gewerkschaften. Das hindert die Damen und Herren nicht daran, an den guten alten Traditionen festzuhalten. Forderungen werden heute –

ganz trendy – unter den Stichworten frauenfreundlich und familiengerecht formuliert. Realistischer klingen sie dadurch nicht, wie ein Blick auf die Website von www.dgb.de, Stichwort Themen zeigt:

»Die Gewerkschaften fordern generelle Arbeitszeitverkürzungen *erleichtern die Vereinbarkeit von Erwerbs- und Familienarbeit, schaffen Raum für sonstige nützliche Tätigkeiten.*

Die Gewerkschaften fordern flexible Lebensarbeitszeiten entsprechend dem persönlichen Lebensentwurf *schaffen Spielräume für individuelle Wahlmöglichkeiten.*

Die Gewerkschaften fordern mehr Zeitsouveränität der Beschäftigten bei der Gestaltung ihrer täglichen, wöchentlichen, monatlichen, jährlichen Arbeitszeit.

Die Gewerkschaften fordern Recht auf Sabbaticals und zeitweilige Teilzeitarbeit.

Die Gewerkschaften fordern unterschiedliche Formen der Altersteilzeit bzw. des Vorruhestands *Erfahrung einbringen ›ja‹, Stress, Leistungsdruck, Hektik ›nein‹.*

Die Gewerkschaften fordern familiengerechte Zeitgestaltung öffentlicher und sozialer Einrichtungen.

Die Gewerkschaften fordern erweiterte Möglichkeiten der selbst gewählten Freistellung für Fortbildung/Qualifikation.«

Wie das funktionieren soll? Die Vorschläge des DGB:

1. Weniger Überstunden.
2. Mehr Teilzeitarbeit.
3. Runter mit den generellen Arbeitszeiten (»Verkürzung der Wochenarbeitszeit auf 32 bzw. 30 Stunden, IG Metall); Verkürzung der Wochenarbeitszeiten in Ostdeutschland auf das westdeutsche Niveau; zusätzliche Verkürzung der Wochenarbeitszeit für besonders belastete Gruppen; Verkürzung der Jahresarbeitszeit um 10 Prozent auf 1400 Stunden, IG Metall)«.

4. Kürzere Lebensarbeitszeit.
5. Offener für die Pausen zwischendurch (Sabbaticals).

Hört sich toll an, nicht? Am besten geben alle ihr Geld ab, das wird in einen großen Topf gesteckt und gerecht verteilt. Dann geht jeder für fünf Stunden in einen gewerkschaftseigenen Betrieb und erfüllt sich selbst. Zur geneigten Erinnerung: Ein ähnliches Gesellschaftsmodell ist übrigens 1989 in der DDR gescheitert!

Vielen gelten Gewerkschaften als wichtige politische Kraft im Land. Doch was ist von einer Gruppe zu halten, die mit der Naivität eines 18-Jährigen Forderungen stellt? Bei all diesen Überlegungen wird schlicht ignoriert, dass die Mehrzahl der Arbeitsplätze in der Bundesrepublik vom Mittelstand geschaffen wird. Diese Unternehmen brauchen qualifizierte Mitarbeiter mit individuellen Fähigkeiten, die nicht einfach austauschbar sind. In einem Betrieb mit fünf Arbeitnehmern beispielsweise erfüllt jeder Einzelne Aufgaben, die über seine eigentliche Qualifikation hinausgehen. Das macht ein gutes Team aus: Dass jeder um Stärken und Schwächen der anderen weiß und trotzdem so agiert, dass das Ergebnis perfekt ist. In modernen Branchen lassen sich Arbeitsabläufe nicht einfach zergliedern. Ein Computerprogramm entsteht nicht am Fließband, eine Sicherheitsarchitektur für ein Netzwerk ist mehr als die Konstruktion einer Firewall.

Jeder ist ersetzbar, jeder Job kann geteilt werden? Die Gewerkschaften gehen wie die Großindustrie davon aus, dass sich Arbeit teilen, messen, wiegen lässt. Seit Erfindung der Stechuhr haben sich Hunderttausende von Wissenschaftlern damit beschäftigt, noch präzisere Arbeitszeiterfassungsmodelle zu entwickeln. Dabei verkündet die Betriebswirtschaftslehre seit mindestens 20 Jahren, dass es nicht um Arbeitszeit, sondern um Arbeitsleistung geht. Ein Ansatz, der dem Deutschen von seinem Wesen her widerspricht.

Irgendein Gen zwingt Bundesrepublikaner, in Treue fest zum

Acht-Stunden-Tag zu halten. Dabei kommt es doch in vielen Branchen nicht darauf an, die Zeit im Büro abzusitzen. Eine zeitliche Erfassung führt in einigen Branchen sogar zu menschenunwürdigen Zuständen. Lässt sich die Pflege eines alten oder kranken Menschen in Minuten erfassen? Die Bürokratie der Pflegeversicherung versucht genau das.

Andersherum: Wenn das Team einer Werbeagentur einen Geistesblitz für eine gute Kampagne hat: Muss es den Rest des Arbeitstags absitzen? Jede Arbeitsform, die nicht den starren Regeln von über 100 Jahren Industrialisierung gehorcht, wird in Deutschland argwöhnisch beobachtet. Siehe oben, siehe VW.

Dass die gelernten Rituale überprüft werden müssen, ahnen viele. Allein, es fehlt der Wille, sich den neuen Herausforderungen zu stellen. Bislang hat es doch auch immer geklappt, unangenehme Wahrheiten totzuschweigen oder auszusitzen. Das gilt gerade auch für den Bereich Arbeit.

Kann es sich ein Land eigentlich erlauben, ganze Gruppen von Arbeitnehmern mit 60 in den Ruhestand zu schicken? Vielen Menschen bedeutet Arbeit mehr als Broterwerb. Und außerdem gibt es immer noch viele Branchen, die von dem Wissen und der Erfahrung ihrer älteren Angestellten profitieren. Im Handwerk genau wie in der Medizin oder in der Juristerei. Selbst im Computerzeitalter ist es nicht hinderlich, viel gesehen, gelesen, erfahren zu haben. Allerdings passt es nicht zum vorherrschenden Jugendlichkeitswahn, dass manche Dinge tatsächlich erst dann gut gemacht werden können, wenn man/frau sie oft genug getan hat.

Außer natürlich in der Bürokratie. Aber da geht es ja nicht um die Person, sondern um die Sache. Die bekanntlich erst gut wird, wenn sie immer und immer wiederholt wird. Annehmen, abstempeln, ablegen. Nach diesem Motto sollen auch Familien funktionieren:

Kind kriegen, Familienzeit nehmen, zufrieden sein. Doch diese Modelle nützen allein den Staatsdienerinnen. Außerhalb der bürokratischen Reservate, im richtigen Leben, funktionieren diese Modelle leider nicht. Es gibt schon gute Gründe, warum Männer ihnen zustehende Erziehungs-Auszeiten nicht wahrnehmen.

Wer sich auf das männliche Prinzip und die bürokratischen Spielregeln einlässt, kämpft als Frau und Mutter auf verlorenem Posten. Veränderungen darf frau nicht erhoffen, sonst bleibt ihr allein die Zuweisung von Wohnung, Möbeln, Hilfe zum Lebensunterhalt. Sicherlich lassen sich unter diesen Bedingungen Kinder großziehen. Sogar gar nicht schlecht. Frau muss nur demütig genug um Hilfe bitten.

Ein Leben mit Kindern bedeutet aber nicht zwangsläufig eine Existenz in Armut. Auch wenn es uns SPD-Politiker und christlich-demokratische Verbände immer wieder vormachen wollen. Vielleicht entspricht diese Vorstellung viel eher ihrem Wunsch, Eltern als kontrollierbare Masse aufzufassen. Hilfsempfänger sind einfach leichter im Zaum zu halten als selbstbewusste Bürger.

Ganztagsschulen, Kindergärten, deren Öffnungszeiten dem normalen Berufsalltag und nicht dem einer Behörde angepasst sind? Eine solche Forderung kommt ja schon fast einem Verstoß gegen die freiheitlich-demokratische Grundordnung gleich, die ja bekanntlich die Pflege und Erziehung der Kinder als »zuvörderst obliegende Pflicht« der Eltern sieht. Außerdem leiden Lehrer und Erzieher in diesem unserem Land an totaler Arbeitsüberlastung. Allein der Gedanke, sie müssten ihre 38,5 Stunden (wie die meisten anderen Arbeitnehmer auch) an ihrem Arbeitsplatz ableisten, wird schon als Zumutung empfunden.

Darüber hinaus dürfen sich Eltern, die außerhalb des bürokratischen Systems ihren Lebensunterhalt verdienen, von den besseren Eltern beschimpfen lassen. Das sind die, die irgendwann gegen Ende ihrer Laufbahn erkannt haben, dass Beruf und Karriere doch nicht alles sind. Der grauköpfige Papi, der sein Baby schaukelt und als 55-Jähriger ganz entspannt den Alltag managt. Er weiß, dass das Anspruchsdenken der Jungen, ihre schnöde Gier nach Geld und Anerkennung das Leben so schwierig machen. Verzicht sei etwas so Positives – was es mit der Aussicht auf sichere Pensionsleistungen vom treu sorgenden Vater Staat bestimmt sein kann.

Ganz normalen Familien bleibt angesichts dieser Haltung allein die Flucht ins Private. Die Politik jammert zwar und sucht händeringend Vater, Mutter, Kind, die das Rückgrat unserer Gesellschaft bilden sollen. Die Bereitschaft, netzwerkartige Strukturen zu entwickeln, ist in der Bürokratie gleich null. Netzwerk meint hier nicht den obligaten Klüngel von Parteigenossen in den Parlamenten und Verwaltungen. Netzwerk steht für eher weibliche Prinzipien, für ein Miteinander in der Arbeit statt für strenge Hierarchien. Aber das ist schon wieder Utopie und sowieso ein ganz anderes Kapitel.

Erfolgsmodell Frau

Perspektiven für die Gesellschaft

Aus unerklärlichen Gründen scheint es in der bundesrepublikanischen Gesellschaft ein unlösbares Kommunikationsproblem zu geben. Vielleicht handelt es sich auch um einen grundsätzlichen Dissens zwischen Männern und Frauen. Oder einfach nur ein Riesen-Missverständnis. Denn egal welcher Forscher sich in den vergangenen Jahren zur schönen neuen Arbeitswelt ausgelassen hat, alle haben sie behauptet, dass »typisch weibliche« Eigenschaften künftig eine große Rolle spielen würden. Das Ende der Unterdrückung schien nah, der Traum von der Emanzipation Wirklichkeit zu werden. Endlich interessante Jobs für Frauen. Endlich Gleichberechtigung im Portemonnaie! All die wunderbaren Tipps, die Briefkastentanten bei »Brigitte« & Co seit Jahren predigten, würden Frauen endlich die Türen in die Chefetagen öffnen.

Denn Ratgeber-lesende Frauen wissen schon lange, was sie an sich haben. Als Halbzeitmütter können sie super organisieren, vermitteln, selbständig arbeiten. Alles Qualitäten, von denen jede PersonalchefIn träumt. In der »Zeit« (36/2001) las sich das so:

»Die Familie ist keine Familie mehr im traditionellen Sinne, sondern eine Unternehmung, der die Frauen als Geschäftsführerinnen vorstehen, während die Männer meinen, als Finanzholding ihre Rolle bestens auszufüllen. Viele berufstätige Frauen sind in zwei

Organisationen tätig: in ihrem Job und als Geschäftsführerinnen der ›Familien GmbH‹, zudem müssen sie, als dritte Aufgabe, beide Tätigkeiten miteinander verbinden.

Sie sind also Unternehmerinnen, ohne zu wissen, dass sie die Aufgabenfülle von Unternehmerinnen haben. Sie sind die effektiven new workers, die heimlichen Kompetenzgewinner der modernen Wirtschaft. Sie entwickeln Sozialkompetenz, Führungsqualität, Vertriebstalent, Agilität im Netzwerk, hohe Kommunikations- und Durchsetzungsfähigkeit – den Kindern gegenüber, den Schulen und Behörden, den Dienstleistern, die sie einspannen und lenken müssen.«

Frauen, insbesondere Mütter, haben alles, was moderne Firmen suchen. Die New Economy war daher auserkoren, das neue große Karrierefeld für Frauen zu werden. Nun wissen wir, dass das mit der Internet-Euphorie nicht so lange gehalten hat. Dumm gelaufen! Alle Welt redet zwar noch immer von Kommunikation und Netzwerken, nur leider sind die tollen neuen Aufgaben für Frauen ausgeblieben. Zumindest in Deutschland. Eine Frau wie Carly Fiorina, Konzernchefin von Hewlett-Packard und mächtigste amerikanische Unternehmerin, wäre in Deutschland undenkbar. Frauen schaffen es nur in Ausnahmefällen in die Führungsspitze der Betriebe. Nicht, weil sie soviel schlechter sind, sondern weil sie immer noch gegen viele Vorurteile ankämpfen müssen. Unter anderem gegen das vom »Risiko Kind«.

Undenkbar ist in Deutschland aber auch, dass sich ein großes Wirtschaftsmagazin die Mühe macht, erfolgreiche Unternehmerinnen vorzustellen. In den USA ist das gang und gäbe, wie zum Beispiel das Magazin »Fortune« beweist. In den Top 100 der deutschen New Economy konnte die »Wirtschaftswoche« (Ausgabe 7.9.2000) nur fünf Frauen auflisten.

Nun ist es ja nicht so, dass Frauen nichts können. Ihre Fähigkeiten und Interessen liegen allerdings häufig auf anderen Gebieten als die der Männer. Man sollte nun annehmen, eine pluralistische Gesellschaft wie die der Bundesrepublik Deutschland könne Unterschiede aushalten. Das Gegenteil ist der Fall. Unter anderem Alice Schwarzer hat es sich zur Aufgabe gemacht, immer wieder auf die herrschenden Benachteiligungen von Frauen hinzuweisen. So zum Beispiel in ihrem Buch »Der große Unterschied. Gegen die Spaltung von Menschen in Männer und Frauen«:

»… die Mädchen gehen noch immer überwiegend in die 10 ›weiblichen‹ von insgesamt 331 Ausbildungsberufen, wie zum Beispiel Arzthelferin oder Friseurin. Aber sie haben ja auch noch gar nicht so lange die Wahl und erst seit kurzem ermutigende Vorbilder: Architektinnen, die Flughäfen bauen; Bankerinnen, die Börsenchefin sind oder Juristinnen, die es bis zur Präsidentin des höchsten Gerichts bringen. Um diesen Weg wirklich würdigen zu können, dürfen wir nicht vergessen, dass die Mütter dieser Karrierefrauen im Dritten Reich noch Berufsverbot hatten.«

Aber Alice Schwarzer macht es sich zu leicht, wenn sie als Erklärung für die Berufswahl von jungen Frauen allein auf die Einschränkungen der NS-Zeit verweist. Wo sie Recht hat: Die Nationalsozialisten sind die Ersten gewesen, die in den Frauen eine gefährliche Konkurrenz für männliche Erwerbstätige gesehen haben. Ab 1933 wurde der Anteil von Studentinnen an den Hochschulen auf 10 Prozent begrenzt, und die Beschäftigung von Frauen im Staatsdienst stark eingeschränkt. Außerdem wurden ab 1936 das Justizwesen sowie das Gesundheitswesen von Frauen »befreit«. Die Nazis erhofften von diesen Maßnahmen auch eine Entspannung auf dem Arbeitsmarkt. Damit waren sie weder die Ersten noch die Letzten.

Schon während des Ersten Weltkrieges hatten Frauen in Deutschland »Männerarbeit« leisten müssen – in den Fabriken bei der Kriegsproduktion genauso wie bei den Staatsbetrieben Bahn oder Post. Mit einer »Verordnung über die Freimachung von Arbeitsstellen während der wirtschaftlichen Demobilmachung« wurden die weiblichen Beschäftigten ab 1919 entlassen, um die Arbeitsplätze für die heimkommenden Männer frei zu machen.

Adolf Hitler hängt immer noch der Mythos an, er habe in Deutschland die Arbeitslosen von der Straße geholt. Tatsache ist erstens, dass die Nazis auf Beschäftigungsprogramme zurückgriffen, die ihre politischen Vorgänger entwickelt hatten, dass zweitens der wirtschaftliche Aufschwung möglich war, weil Frauen aus dem Erwerbsleben zurückgedrängt wurden und drittens die Nazis durch den Diebstahl des Vermögens jüdischer Mitbürger über erhebliche Geldmittel verfügten.

Während des Zweiten Weltkrieges hatte die frauenfreie Arbeitswelt in Deutschland keinen Bestand. In zahllosen Produktionszweigen ersetzten Frauen die vormals männlichen Beschäftigten. Übrigens keinesfalls freiwillig. Wer Geld und Beziehungen hatte, konnte sich der Verpflichtung zum Arbeitsdienst meist entziehen.

Nach Kriegsende durften Frauen aufräumen. Die Trümmerbeseitigung in den Städten leisteten überwiegend Frauen. In Berlin beispielsweise waren 1945 zwei Drittel aller Beschäftigten weiblich. Allerdings hatten die Frauen keine Alternative zur schweren Arbeit. Wer nicht mitmachte, erhielt keine Lebensmittelkarten. Die Diskriminierung ging allerdings noch weiter. Während der Nachkriegszeit gab es für »Hausfrauen« nur Lebensmittelkarten der Bedarfsgruppe V, das war die mit den geringsten Zuteilungen. Und dass obwohl die Arbeit der Hausfrauen (»Enttrümmern«, Versorgung von Kindern und Kranken, Organisation von Nahrung) deutlich anstrengender war als die von Angestellten (Gruppe IV) und Arbeitern (Gruppe II).

Weil Geschichte sich laut Marx immer wiederholt (in welcher Spielart auch immer), durften die Frauen auch nach dem Zweiten Weltkrieg ihre Arbeitsplätze für die heimkommenden Männer räumen. Und sich 1990 nach der Wiedervereinigung erneut auf mütterliche Pflichten besinnen. Der Arbeitsplätze wegen. Denn 1946 wie 2001 gilt in Deutschland das ungeschriebene Gesetz, dass ein Mann mit seinem Geld eine Familie ernähren muss, weshalb für ihn Arbeitslosigkeit schlimmer als für eine Frau ist.

Verheirateten Frauen gar wird vielerorts noch immer unterstellt, sie »müssten« nicht arbeiten, könnten angesichts von rund vier Millionen Arbeitslosen doch bitte gerne auf ihren Job verzichten. Dass allerdings weder die Frauen, noch die Juden, noch die Ausländer an hoher Arbeitslosigkeit »schuld« sind, ist vielen Deutschen auch heute noch nicht klar.

Weil an diesem Punkt allerdings immer noch ein großes Informationsleck klafft: Selbst wenn sich alle Frauen und alle Ausländer morgen aus dem aktiven Erwerbsleben zurückzögen, brächte das der Republik mitnichten Vollbeschäftigung. Für die Ministerinnenposten oder die weiblich besetzten Stellen in Funk und Fernsehen fänden sich vermutlich genügend Bewerber. Die Öger Tours oder die Galeries Lafayette (auch Franzosen sind Ausländer!) wären sicher schnell germanisiert. Doch für all die anderen kleinen Betriebe, in denen Familien von früh morgens bis spät abends schuften, gäbe es kaum Interessenten.

Und was die Frauen angeht, die den Männern Arbeit wegnehmen: Für all die freien Stellen beispielsweise im Pflegebereich oder in der Gebäudereinigung finden sich nur wenige männliche Bewerber. Pflegediensten geht es kaum anders als Obstbauern, die Jahr für Jahr ein bürokratisches Spektakel spielen dürfen, um dann doch ihre Erntehelfer aus Polen oder Russland einstellen zu können. Deutsche Männer pflücken nämlich keine Äpfel!

Die Frage, ob Frauen arbeiten dürfen, stellt sich also im 21. Jahrhundert nicht mehr. Frauen sind selbstverständlich berufstätig. Das waren sie auch in den 50er oder den 80er Jahren des 20. Jahrhunderts. Nur eben zu schlechten Bedingungen. Die gute Hausfrau, die daheim auf ihre Lieben wartete, existierte in dieser reinen Form hauptsächlich in der Werbung und den Köpfen konservativer Männer. Selbst im ländlichen Raum, wo Arbeitsplätze außerhalb von Haus und Hof knapp sind, gab und gibt es Verkäuferinnen, Erzieherinnen, Erntehelferinnen, Krankenschwestern. Rund ein Drittel der Frauen im erwerbsfähigen Alter hat selbst in jenen kuscheligen Wirtschaftswunder-Jahren gearbeitet, als das Wohl eines Weibes in Küche und Kinderzimmer zu finden war.

Auch wenn heute wieder einmal von den besonderen weiblichen Fähigkeiten und Stärken die Rede ist, handelt es sich dabei um keine neue Erkenntnis. Denn schon seit Beginn der Industrialisierung werden Frauen entsprechend ihrer »Veranlagung« eingesetzt. In der Praxis bedeutete dies stets eine Abwertung bestimmter Berufe.

Beispiel Telekommunikation: In den 80er und 90er Jahren des 19. Jahrhunderts wurden in den Oberpostdirektionen erstmals weibliche Telefonistinnen eingesetzt. Die Frauen hatten sich durch besondere Geschicklichkeit im Umgang mit den Stöpseln und Vermittlungsknöpfen ausgezeichnet. Außerdem garantierten die niedrigen Lohnkosten der Telefonfräuleins geringe Fernsprechgebühren und legten damit den Grundstein für den Siegeszug des Telefons.

Beispiel Büroarbeit: Noch im 19. Jahrhundert war das Büro oder Kontor fest in männlicher Hand. Mit den modernen Arbeitsmethoden zogen die Frauen ein. Es fiel ihnen leicht, Stenografie und Maschineschreiben zu lernen – was die Arbeit in Männeraugen minderwertig macht. Und schlechte Arbeit kann schlecht bezahlt werden. Weibliche Angestellte verdienten durchschnittlich bis zu 20 Prozent weniger als ihre männlichen Kollegen. Und so wurde der »Sekretär« binnen weniger Jahre zu einem typischen Frauenberuf, der Sekretärin.

Die entsprechenden typischen Frauenlöhne wurden bis Mitte der 50er Jahre des 20. Jahrhunderts gezahlt. Dann verbot das Bundesverfassungsgericht die Ungleichbehandlung von Frauen. Gleichen Lohn für gleiche Arbeit bedeutete das mitnichten. Die Wirtschaft schuf die so genannten Leichtlohngruppen. Danach ist körperliche Arbeit schwerer als eine Tätigkeit am Fließband. Auch die Begründung, es falle Frauen leichter, monotone (meint: stumpfsinnige) Arbeiten durchzuführen, wurde noch bis in die 70er Jahre gern als Argument herangezogen. Eine ähnliche Entwertung erlebten mit dem besseren Ausbildungsniveau von Frauen die sozialen und pädagogischen Berufe. Grundschullehrerinnen legen zwar die Basis für die Schulkarriere eines Kindes. Trotzdem zählt ihre Tätigkeit weniger als die eines Gymnasiallehrers für Sport und Kunst. Eine Kindergärtnerin ist nicht so gut wie ein Sozialarbeiter. Eine Krankenschwester gilt weniger als ein Rettungssanitäter.

Heute beginnen an den bundesdeutschen Universitäten etwa genauso viele Frauen wie Männer ein Studium. Aus diesen Zahlen jedoch die Vollendung der Gleichberechtigung zu interpretieren, wäre naiv. Denn die Fächer, in denen der Anteil von Frauen höher liegt als der von Männern, sind »schlechter« als die männerdominierten Fakultäten. Angeblich braucht das Land ganz viele Informatiker und Ingenieure. Das hat natürlich Konsequenzen: Ernährungswissenschaftlerinnen oder Gesundheitsmanagerinnen sind da total überflüssig, genauso wie alles, was nicht sofort in großen Unternehmen nutzbar ist. 80 Prozent der naturwissenschaftlichen Studienplätze werden von Männern besetzt. Gute Studienfächer! In den Sprachwissenschaften überwiegen die Frauen. Überflüssige Studienfächer! Ist ein Biologielehrer also mehr wert als seine Kollegin, die Englisch unterrichtet? Oder muss gar der Französischlehrer bevorzugt eingestellt werden, weil er in einem Frauenstudium erfolgreich war?

Selbstverständlich könnte frau sich nun wieder aufregen. Das braucht sie allerdings nicht wirklich, da sich die edlen Alt-Feministinnen dieses Themas mit schöner Regelmäßigkeit annehmen. Dank der so genannten Frauenforschung sind die Ungerechtigkeiten zwischen Männer- und Frauenleben ausreichend untersucht.

Darüber kann frau jammern. Und neue Gesetze fordern, wie beispielsweise mehr Frauenförderung oder Antidiskriminierung. Das Problem all dieser Maßnahmen ist nur: Sie lassen sich im wirklichen Leben nicht durchsetzen. Möglicherweise im öffentlichen Dienst. Aber Bürokratie in ihrer jetzigen Form wird nicht besser, wenn sie von Frauen gemacht wird!

Vielleicht ist es an der Zeit, die Fakten einmal ganz anders zu interpretieren. Irgendwie ist es doch auffällig, dass Frauen sich nicht länger unterkriegen lassen. Sie akzeptieren zähneknirschend schlechtere Bezahlung – und arbeiten dennoch. Sechzig Prozent der Akademikerinnen bekommen Kinder, obwohl Mutter-Sein mit vielen Nachteilen – vor allem beruflichen – verbunden ist. Außerdem leben Frauen im Durchschnitt sechs Jahre länger als Männer. Und das nicht, weil sie weniger arbeiten. Da hat die UNO etwas anderes ausgerechnet: Männer leisten weltweit nur ein Drittel der Arbeit, erhalten aber dafür 90 Prozent des Lohns.

Es muss etwas anderes sein, dass die Frauen in der modernen Welt biologisch erfolgreicher macht. Vielleicht besitzen sie eine Art »Zufriedenheits-Gen«, was sie in die Lage versetzt, das Beste aus ihrer Situation zu machen … Noch herrschen in Deutschland allerdings Denkverbote, sich mit den Unterschieden zwischen Mann und Frau zu beschäftigen. Zu tief verwurzelt ist die Maxime von der »Gleichheit« der Geschlechter. Und was gab es nicht alles für Erklärungen, warum Jungen und Mädchen trotzdem unterschiedlich sind.

In den 70er Jahren stürzte sich alles auf die Erziehungstheorie. Gebt den kleinen Jungen Puppen und den Mädchen Autos, dann werden die Jungen zu liebevollen Vätern, die Mädchen zu Mechanikern. Hat leider nicht funktioniert. Daran haben weder Alice Miller noch Alice Schwarzer etwas geändert. Trotzdem halten sich die Gesellschaftsutopien der alten Linken hartnäckig. Noch heute traut sich im Geburtsland von Karl Marx kaum jemand, dem Vater aller Weltrevolutionäre zu widersprechen. Menschen sind das Produkt ihrer Umwelt und ihrer Erziehung. Punkt. Und wer das Gegenteil behauptet, vertritt den falschen Klassenstandpunkt.

Wie viel einfacher wäre es doch hinzunehmen, dass Männer und Frauen mehr unterscheidet als ein X-Chromosom. Mit dieser Annahme müsste man nicht einmal Karl Marx untreu werden, der schließlich auch gefordert hat: Jeder nach seinen Fähigkeiten, jeder nach seinen Möglichkeiten. Dann dürften sich endlich auch die Frauenpolitiker von der irrigen Annahme verabschieden, alle Frauen wollten das Gleiche. Doch es scheint so, dass die meisten Menschen eine einmal gefasste Meinung höchst ungern wieder aufgeben.

In Amerika ist man in diesem Punkt deutlich weiter. Dort geht es nicht mehr länger um die Gleichheit der Geschlechter, nicht einmal mehr um Gleichstellung. Das neue Schlagwort lautet »Diversity Management«. Im Vordergrund standen zunächst moralische Gründe: Durch fähigkeitsorientierte Führung sollte Diskriminierung abgebaut werden. Man achtete auf die verschiedenartigen Fähigkeiten der Mitarbeiter, setzte beispielsweise Angehörige von Minderheiten auf Positionen, bei denen sie Kontakt zu gleichartigen Kunden hatten. Hintergrund dieses Handelns war keine reine Menschenfreundlichkeit, sondern nüchterne wirtschaftliche Überlegung. Wer in einem Viertel mit afroamerikanischen Bewohnern verkaufen wollte, tat gut daran, afroamerikanische Verkäufer einzusetzen.

Diversity Management war der erste Versuch, Menschen in ihrer Andersartigkeit zu akzeptieren, ohne sie deshalb auszugrenzen. Und so blieb es nicht aus, dass durch Diversity Männer und Frauen unterschiedlich gefördert wurden, weil sie unterschiedliche Fähigkeiten besaßen. Kompetenzgerechte Unterscheidungen auf Grundlage von Geschlechterpolitik lautete die Parole.

Welche Folgen eine solche Politik mit sich brachte, skizzierte

Birger Priddat in der »Zeit« (36/2001): »Die Forschung analysiert geschlechtsspezifische Probleme der Männer ebenso wie die der Frauen. Je mehr Frauen in Führungspositionen kommen, desto deutlicher werden die männlichen Eigentümlichkeiten und Defizite. Die Beachtung dieser Kompetenzunterschiede ändert die Organisationskulturen schneller als eine abstrakte Unternehmensphilosophie. Die Atmosphäre wandelt sich, folglich ändern sich die Formen der Kooperation und der Unternehmensstil. Nicht nur Frauen passen sich neu ein, auch Männer überprüfen ihren Habitus. Was bisher als Unternehmenskultur in männerdominierten Hierarchien thematisiert wurde, wird sich als Zivilisationsprozess der Geschlechter ausprägen – mit noch unbekannten Folgen. Eines ist absehbar: In stark kundenorientierten Branchen erfahren die kommunikativen Fähigkeiten der Frauen eine Aufwertung.«

In den USA scheint sich dieser Prozess tatsächlich durchzusetzen. Dagegen ist in der Bundesrepublik eine andere Tendenz erkennbar. Kommunikative Berufe gelten zwar als die großen Geldbringer. Anerkennung erfahren die Arbeitenden jedoch nicht. So lagern immer mehr große Unternehmen ihren Kundendienst aus. Beschwerden werden nun von so genannten Call-Centern entgegengenommen. Dort sitzen vorzugsweise Frauen, die nichts anderes tun, als unzufriedene Bürger zu besänftigen. Was sie dank entsprechender Schulungen und wegen ihrer bekannt guten weiblichen Kommunikationsfähigkeit auch schaffen.

Trotzdem bleibt vielerorts ein tiefes Misstrauen gegen diese neue Form der Arbeit. Am lautesten schimpfen die Alt-Feministinnen. Die praktische Diversity-Politik passt eben nicht in ihr Weltbild von den armen, unterdrückten Frauen. Sie wittern hinter der Forderung, Frauen entsprechend ihrer Fähigkeiten zu fördern, eine neue Verschwörung der Männer. Auch wenn die heute kaum mehr Zeit haben, sich neben ihren Auseinandersetzungen mit den Geschlechtsgenossen auch noch mit den Genossinnen zu schlagen.

Die Ladys der Geburtsjahrgänge 1940 bis 1950 ficht das selbstverständlich nicht an. Sie sind angetreten, den Planeten vom Patriarchat zu säubern. Dazu Alice Schwarzer:

»Sind Herzinfarkt und andere (noch) typisch männliche Stresskrankheiten der Preis für die unmenschliche Anstrengung, ein echter Mann zu sein? Zerbricht der Mann also am eigenen Männlichkeitswahn? In Wahrheit glauben auch die Männer selber nicht mehr so richtig ans Mannsein ... es zerreißt die neuen Männer der selbst nicht unambivalenten ›neuen‹ Frauen so richtig zwischen Old Men und New Boys. Es könnte jetzt loslassen, das starke Geschlecht. Das angeblich schwache Geschlecht ist bereit, mit ihm die Hälfte der Welt zu schultern – und ihm dafür die Hälfte des Hauses zu überlassen. Und was passiert? Das Imperium schlägt zurück. Dank einer Jahrtausende bewährten Erfahrung ist es mit dem Patriarchat wie mit dem Hasen und dem Igel: Es ist immer schon da. So manche neue Freiheit läuft darum Gefahr, in eine alte Unfreiheit verkehrt zu werden: Du hast die Freiheit, einen Minirock zu tragen – dann wundere dich nicht, wenn du vergewaltigt wirst. Du bist schwanger – du kannst ja abtreiben. Du willst Karriere machen – wunderbar, das bessert unsere Kasse auf; aber nicht, dass du nervst oder die Kinder zu kurz kommen. So manche optimistische junge Frau hat noch nicht begriffen, dass sie eben nicht ›alles‹ haben kann, sondern Kompromisse eingehen muss. Leider. Diejenigen, die auf den Du-kannst-alles-Schwindel reinfallen, rennen sich schnell den Schädel ein: Im Beruf erschöpft vom Kampf gegen die gläserne Decke, die den Frauen immer noch die oberen Etagen der Karriere versperrt, stoßen sie zu Hause schnell gegen die gläserne Wand – auf deren anderer Seite steht der Mann, schwer erreichbar und kaum einklagbar.«

Hinter diesen Bemerkungen steht nach wie vor die unausgesprochene Warnung, dass frau bloß nicht wie ein Mann werden soll. Berufliche Unabhängigkeit sollte zwar angestrebt werden, am besten gepaart mit »Selbstverwirklichung«. Aber wenn alles nicht ganz so toll läuft, bleiben immer noch der Mann und sein Gewaltpotenzial als Schuldige. Wenn junge Frauen sich über ihre sattsam bekannten Probleme auslassen, brechen die alten regelmäßig in ein Triumphgeheul aus. Weil sie's ja schon immer gewusst und überhaupt Recht haben.

Ganz besonders Müttern bleibt angesichts dieser Haltung nur die Flucht ins Private. Sie erleben ihre Schwierigkeiten meist als etwas ganz Persönliches. Wenn das Kind nicht durchschläft, sie gereizt, überfordert, übermüdet sind, neigen sie dazu, die Fehler bei sich selbst zu suchen. Oder wie es Susanne Weingarten und Marianne Wellershoff formulierten: »Hunderttausend Leserinnen des Karriere-Ratgebers ›Machiavelli für Frauen‹ bilden eben kein machtvolles Kartell in der Geschäftswelt, sondern bleiben hunderttausend Einzelkämpferinnen mit knirschenden Backenzähnen und hoher Frust-Akzeptanz.«

Dass es in Deutschland möglichst genau so bleibt, daran arbeiten Politiker aller Parteien in geradezu heiliger Allianz mit der alten Frauenbewegung. Impulse für eine andere Politik kommen denn auch nicht aus den Parlamenten, sondern aus den Betrieben.

Mit den neuen Medien hat sich nämlich auch ein neues Bild von Arbeit entwickelt. »Flexibilität« lautet das Zauberwort, der Mythos vom dynamischen, schnellen, freien Menschen war geboren. Gefeiert wurde ein solches Wunderwesen vor allem im Bereich der Unternehmensberatungen. Tatsächlich ist der typische Consultant Single, um die 30 Jahre alt und männlich. Aber selbst diese Männer werden älter – und ruhiger. Mittzwanziger stört es nicht, wenn sie rund um die Uhr arbeiten, danach mit den Kollegen feiern und anschließend zum Schlafen auf die Luftmatratze unterm Firmenschreibtisch kriechen. Irgendwann kommt jedoch der Punkt, an dem Konsum langweilig wird und sich die Flughäfen der Welt auf erschreckende Weise gleichen. Manche Firmen bieten Mitarbeitern in der Krise ein Sabbatical, eine Auszeit. Andere haben begriffen, dass gute Fachkräfte mehr brauchen als viel Geld.

Der amerikanische Soziologe Richard Sennett hat in seinem Buch »Der flexible Mensch« untersucht, wohin es eigentlich führt, wenn das gesamte Leben einem irgendwie definierten wirtschaftlichen Erfolg untergeordnet wird. Seine Ergebnisse verwundern wenig: Im Zeitalter der Globalisierung fordere man einen Arbeitnehmer ohne Bindungen, ohne eigene Ziele. Doch für den Menschen werde ein solches Leben zum »undurchschaubaren Stückwerk«. Sennetts Bild des modernen Kapitalismus ähnelt in seinen Beschreibungen den Ausführungen von Karl Marx. Auch der beklagte die Entfremdung der Arbeit. Statt unter materieller Not leidet der flexible Mensch heute an emotionaler Verelendung. Ein Zustand, den viele Berufstätige nicht länger akzeptieren wollen. Passive Menschen reagieren auf die steigenden Anforderungen mit Krankheit, Verweigerung, Burn-out-Syndromen. Aktive fordern für sich eine Work-life-Balance, das Gleichgewicht zwischen Arbeit und Leben.

Interessanterweise sind es gerade Mütter, denen es oft gelingt, den Ausgleich zwischen Arbeit und Leben zu finden. Und das trotz der viel beschworenen Mehrfachbelastung. Das Gefühl, Verantwortung für ein oder mehrere Kinder zu übernehmen, macht ihnen eben nicht nur Stress, sondern vermittelt auch Sinn. Selbst eine allein erziehende Mutter ist Teil einer kleinen Einheit namens Familie, einem vagabundierenden Arbeitsnomaden dagegen bleibt für die Kommunikation nur sein E-Mail-Account. In ihrem Versuch, die eigene Wichtigkeit über Arbeit zu definieren, haben sich viele Männer aus dem ganz normalen Leben ausgeklinkt. Sie kaufen über Internet ein, bestellen Essen via Telefon, pflegen keine Kontakte außer denen, die sie beruflich vorwärts bringen. Doch diese perfekte Anpassung an die Berufswelt bringt den Betroffenen nicht den erwünschten Mehrwert. Richard Sennett beschreibt in seiner Kulturfibel des neuen Kapitalismus, wie Menschen an ihrer eigenen

Flexibilität zerbrechen. Dieser Männlichkeit nachzueifern – und in diesem Punkt haben die Alt-Feministinnen tatsächlich Recht – kann nicht erstrebenswert sein.

Doch es geht auch anders. Gerade weil dreißig Jahre Emanzipationsbestrebungen nicht spurlos an der Gesellschaft vorbeigegangen sind, gibt es in der Wirtschaft Überlegungen, Familie und Arbeit besser unter einen Hut zu bringen. Dass es die Väter sind, die diese neuen Arbeitszeitmodelle erproben, mag manche Frauenbewegte auf die Barrikaden treiben. Aber: Nur wenn die Wirtschaft begreift, dass ein Ausgleich zwischen Arbeit und Leben notwendig ist, wird sie ihre Arbeitnehmer darin unterstützen. Und wer, wenn nicht hochqualifizierte und begehrte Mitarbeiter, kann dies deutlich machen?

Um Missverständnissen vorzubeugen: Männer sind nicht wertvoller als Frauen. Aber Männer besetzen in der Bundesrepublik die überwiegende Zahl der Führungspositionen. Setzt sich ein solcher Mann für seine Kinder ein, hat das eine andere Signalwirkung, als wenn eine erfolgreiche Frau Mutter wird. Eine Frau erfüllt mit diesem Schritt leider die gängigen Klischees, ein Mann setzt Zeichen. Das zu bedauern, bringt allerdings weder Frauen noch Männern etwas. Im Gegenteil! Statt wieder einmal auf Randgruppen zu verweisen, die ungerecht behandelt werden, wäre eher Lob angebracht: Lob für die Unternehmen, die alternative Modelle entwickeln; Lob für die Männer, die Partnerschaft ernst nehmen; Lob für die Organisationen, die Lösungen für berufstätige Eltern entwickeln.

Denn familienfreundliche Arbeitsplätze in Deutschland sind mehr als rar. Das liegt übrigens nicht allein an den Firmen. Viele Eltern genießen es, den eigenen vier Wänden zu entfliehen. Familienarbeit bedeutet häufig Hektik, Krach, Auseinandersetzungen mit den Kindern. Eine gewaltige Umstellung für denjenigen, der es gewohnt ist, in ruhigen, überschaubaren Abläufen zu arbeiten.

Doch Experten wollen in Europa einen Wandel auf den Arbeitsmärkten beobachtet haben. Die Rundum-Verfügbarkeit für einen Arbeitgeber ist für viele qualifizierte Männer und Frauen nicht länger erstrebenswert. Im Gegenzug erkundigen sich auch die Firmen nach dem sozialen Status ihrer Mitarbeiter. Väter sind prinzipiell begehrt, weil sie als verlässlich gelten. Allerdings kann aus einem gefestigten Familienvater schnell ein seelischer Krüppel werden. Ein Drittel aller Ehen werden in Deutschland geschieden. Antragsteller sind in der Mehrzahl Frauen, unter anderem auch deshalb, weil sie sich vom rund um die Uhr arbeitenden Mann allein gelassen fühlen.

Die berufstätige Ehefrau und Mutter steht in Deutschland meist nur finanziell besser da als ihre tatsächlich allein erziehende Geschlechtsgenossin. Ein Mann, der von morgens früh bis abends spät in Sachen Karriere unterwegs ist, ist genauso hilfreich wie gar kein Mann. Wenn heute eine bessere Vereinbarkeit von Familie und Politik gefordert wird, meint das nicht ausschließlich die Frauen. Auch Männer entdecken weibliche Werte. Und ganz allmählich setzt sich sogar die Erkenntnis durch, dass es gar nicht schlimm ist, wenn die Geschlechter einander in ihrer Unterschiedlichkeit wahrnehmen.

»Einen guten Teil des Beziehungsstresses kann man darauf zurückführen, dass Männer und Frauen fälschlicherweise glauben, dass sie gleich wären und die gleichen Prioritäten, Bedürfnisse und Wünsche hätten«, schreiben Allan und Barbara Pease in ihrem Buch »Warum Männer nicht zuhören und Frauen schlecht einparken«. Aber Paare sind nicht nur gestresst, sondern auch unglücklich. Eine Mutter, die unbedingt 24 Stunden nur für ihr Kind da sein muß, lässt einem Vater keine Chance, mehr als nur ein Zahlmeister zu sein. Dabei lassen Väter ihr Kind auch nicht häufiger vom Wickeltisch fallen als die Mütter.

Entgegen den Äußerungen der 68er-Feministinnen hat sich außerdem in der Gesellschaft etwas getan. Das gewandelte Selbstverständnis der Frauen färbt auch auf die Männer ab. Zwei Drittel aller Väter verstehen sich nicht länger als reine Verdiener für die Familie. Sie nehmen ihre Aufgabe als Elternteil ernst und wollen als Erzieher ihrer Kinder verstanden werden. Das ergab eine Studie des Familienministeriums. Wer bei der Erziehung seiner Kinder mitsprechen möchte, braucht allerdings auch Zeit. Und daran hapert es bei höher Qualifizierten häufig.

Für Männer und Frauen waren die Zeiten allerdings noch nie so günstig wie heute, denn zumindest in Europa ist qualifizierter Nachwuchs knapp. Ein Phänomen, das sich in den nächsten Jahren verstärken wird. Wer also von seinem Arbeitgeber mehr als nur den Firmenwagen und ein gutes Gehalt fordert, hat in Zukunft recht gute Chancen. Das Private zum Teil des Arbeitslebens zu machen, erfordert Mut. Frauen akzeptieren in der Regel, dass die Kollegin auch Ehefrau und Mutter ist. Wer als Vater mit angeblich weiblichen Argumenten agiert, eventuelle Rücksicht aufs Privatleben fordert, kämpft vor allem gegen sein eigenes Mann-Sein. So wie Muttchen-Sein im Kopf beginnt, entstehen auch die Bilder vom harten Kerl bei jedem selbst.

Dabei reagieren viele Unternehmen positiv auf selbstbewusste Mitarbeiter. Denn wer sich überlegt, künftig mehr für die Kinder da zu sein, hat begriffen, dass er/sie zwei wichtige Aufgaben bewältigen muss: einen guten Job sowohl zu Hause als auch in der Firma zu machen. Weil es aber Supermütter und Power-Papis nur im Film gibt, muss eine solche Aufgabe geplant werden – zum Beispiel mit modernen Management-Methoden.

»Arbeitszeitmanagement muss jeder beherrschen, der eine Führungskraft werden will. Wer sich gegen seinen Willen von der Arbeit private Zeit wegnehmen lässt, gerät auf Dauer in Konflikte, die arbeitsunfähig machen.« Dies meinte ein leitender VW-Ingenieur in der »Zeit«. Und ihm gelang es tatsächlich, gemeinsam mit seinen Vorgesetzten und seinen 60 nachgeordneten Mitarbeitern ein Modell zu entwickeln, das es ihm ermöglicht, zwei Tage die Woche als Vater zu Hause zu arbeiten – im Notfall erreichbar per Handy.

In Betrieben sorgen solche Modelle noch immer für Aufsehen. Dabei sind sie für viele Selbständige längst bewährte Praxis. Kleinkinder, die im elterlichen Handwerksbetrieb herumkrabbeln, Schulkinder, die neben Mutters Büro Hausaufgaben machen, Baby an Mutters Brust, während sie eine Klageschrift vorbereitet. Wo ein Wille ist, findet sich ein Weg. Das erkennen mittlerweile auch angestellte Arbeitnehmer und ihre Arbeitgeber. »Diversity Manager« sorgen in vielen europäischen Konzernen für eine bessere Vereinbarkeit von Familie und Beruf. Ob bei Ikea oder der Commerzbank – gesucht werden neue Möglichkeiten außerhalb festgefahrener Strukturen. Firmen bei dieser Aufgabe zu helfen, ist ein neues, interessantes Berufsfeld geworden.

Flexibilität hat seit den Anschlägen von New York eine neue Bedeutung bekommen. Bindungslose Menschen, deren Dasein sich in finanzieller Potenz erschöpft, stehen stellvertretend für eine schwache Gesellschaft. Wie Richard Sennett feststellte: »Apathie ist die logische Reaktion auf das Gefühl, nicht gebraucht zu werden. Und das trifft auf flexible Arbeitsmärkte ebenso zu wie auf solche, die Mitarbeiter mittleren Alters freisetzen … Ein Regime, das Menschen keinen tieferen Grund gibt, sich umeinander zu kümmern, kann seine Legitimität nicht lange aufrechterhalten.«

Angesichts dieser Perspektiven täte unserem Land ein bisschen mehr Weiblichkeit, ein bisschen mehr mütterliche Anpassungsfähigkeit gut.

Ansätze für eine neue Frauenpolitik

Modelle für die Zukunft

Im September 1791 veröffentlichte die Französin Olympe de Gouges eine Erklärung der Rechte der Frau und Bürgerin. Unter der Diktatur der Jakobiner wird sie dafür zwei Jahre später durch die Guillotine hingerichtet. Rund 100 Jahre später streiten sich die Frauenrechtlerinnen, ob sie sich für Bildung oder das Wahlrecht einsetzen oder die Frauenfrage dem Klassenkampf unterordnen sollen. Im Jahr 2001 bringt es dann die Zeitschrift »Brigitte« auf den Punkt: »Warum sollten meine Haare nicht ein bisschen mehr Volumen haben können?«

»Brigitte« weiß, dass es »immer noch tausend ungelöste Fragen im Leben« gibt. Wie schön, wenn endlich einmal jemand die entscheidenden stellt. Was regen sich Frauen in diesem Land eigentlich noch auf, wenn die größten Probleme sich mit einer Diät oder einem Shampoo lösen lassen? Gleichberechtigung, reduziert auf das Recht zu konsumieren. Gelöst scheint die Frauenfrage auch in den akademischen Zirkeln der Berufs-Feministinnen. Die Literatur ist gesichtet, katalogisiert, kommentiert. Genug gesammelt, um mit dem Material bis zum Erreichen der Pensionsgrenze in fünf bis zehn Jahren die ewig gleichen Seminare abhalten zu können. Der Fortschritt der Frauentheorie ist gesichert, wie die Politikwissenschaftlerin Barbara Holland-Cunz schon 1997 feststellte: Es bedürfe keinerlei wirklicher Kämpfe der Frauen, »um den wissenschaftlichen Fortschritt des Feminismus voranzubringen. Es muss gar der Eindruck entstehen, dass eine weiterkämpfende Frauenbewegung dafür wirklich nicht nötig, vielleicht sogar eher hinderlich ist. Vorgaben aus der Bewegung wird heute keine professionelle Theoretikerin akzeptieren.«

Von der Theorie allein gelassen, in der Praxis wahlweise auf Mode oder Randgruppe reduziert – Frauen in Deutschland können stolz auf das Erreichte sein.

Vermutlich würden frauen-relevante Themen auch weiterhin einfach so dahinplätschern, gäbe es nicht diesen dramatischen Einbruch in der Geburtenstatistik. Wie immer, wenn es um Volk und Vaterland geht, ruft eine solche Entwicklung jede Menge Aktivisten auf die Bühne. Familienpolitik wird plötzlich Thema, die Berufstätigkeit von Frauen neu diskutiert, der Kanzler macht irgendwas zur Chefsache und die Opposition ist dagegen und will, wenn überhaupt, etwas irgendwie ganz anderes.

Exkurs 1:

Seitdem Frauen politisch aktiv sind, wird ihr Treiben argwöhnisch beäugt. Von Männern, aber auch von Frauen. Frauenpolitik ist vielen stets nur das Sahnehäubchen obenauf gewesen. Und über Aktionen, die nicht ins Konzept passten, wurde gern das Mäntelchen des Schweigens gehängt. Beispiel Gebärstreik:

Um 1913 rief der Berliner Arzt Dr. Julius Moses, 1868 in Posen geboren, 1942 in Theresienstadt ermordet, Arbeiterfrauen zum Gebärstreik auf. Seine Beiträge in der Zeitschrift »Der Kassenarzt« sorgten für Wirbel – gerade auch unter den weiblichen Sozialdemokraten.

Als Reaktion auf den stillen Protest vieler Arbeiterfrauen veranstaltete die SPD am 22. August 1913 eine Demonstration »Gegen den Gebärstreik«. Hier machte Clara Zetkin, Grande Dame der

Sozialdemokraten und eine Kämpferin für mehr Frauenrechte, den Standpunkt der Partei deutlich: Die Sozialisten lehnten den Gebärstreik ab, da für den großen Befreiungskampf der Arbeiterklasse die Massen gebraucht würden. Ein Blick in die Geschichte zeige, dass die aufstrebende Klasse nicht durch Masse, sondern durch Qualität gesiegt habe.

Rosa Luxemburg unterstrich während derselben Veranstaltung, dass sich die Partei nicht für Selbsthilfe einsetze, sondern die Massenhilfe anstrebe. Dazu benötige sie jedes Kind.

Zahlreiche Arbeiterinnen lehnten diese Haltung ab. Sie wollten angesichts der katastrophalen Lebensbedingungen keine Kinder mehr bekommen. Unterstützt wurden sie von Ärztinnen und Ärzten, die die Frauen in Büchern und Broschüren über Möglichkeiten der Verhütung informierten.

In den USA gründete Margarete Sanger 1921 die Amerikanische Liga für Geburtenkontrolle, um ein Bundesgesetz zu bekämpfen, das jegliche Informationen über Verhütungsmittel für strafbar erklärte. Ihre Gegner versuchten Margarete Sanger durch zahllose Anzeigen und Verhaftungen zu stoppen.

Sexualberatung gab es in Deutschland seit 1924 – auf Initiative von Helene Stöcker, Vorsitzende des Bundes für Mutterschutz und Sexualreform. Ziel war es, Frauen über die Vermeidung von Geschlechtskrankheiten und Verhütung zu informieren.

In den vergangenen Kapiteln wurde deutlich gezeigt, wie es beispielsweise um die Situation berufstätiger Mütter bestellt ist. Dass Deutschland in puncto Kinderbetreuung Entwicklungsland ist, ist genauso wenig neu wie die Tatsache, dass sich die bundesdeutsche Familienpolitik seit Adenauer wenig weiterentwickelt hat. Wenn Alt-Feministinnen wie Alice Schwarzer verkünden, die deutschen Frauen befänden sich im Gebärstreik, passt diese Interpretation der Statistik in ihr Weltbild. Und in diesem Universum sind Männer noch immer die bösen Täter, Frauen die bemitleidenswerten Opfer.

Versprechen Familienpolitiker aller Parteien, sie wollten neue Konzepte für eine kinderfreundlichere Politik, wird das die jetzt 30-Jährigen auch nicht in ihrer Gesamtheit zur Mutterschaft bewegen. Diese hilflosen Aktionen zur möglichen Erhöhung der Geburtenrate kommen außerdem 20 Jahre zu spät. Selbst wenn die Deutschen in einem finanziellen Kraftakt ihren Rückstand bei den Kinderbetreuungseinrichtungen aufholten, mehr als 0,1 bis 0,2 zusätzliche Prozentpunkte sind bei der Geburtenrate nicht drin. Selbst in Frankreich geht es mit der Alterung der Bevölkerung rapide aufwärts. 1,89 Kinder bringt jede Französin rechnerisch zur Welt. Ebenfalls bei weitem nicht genug, um unsere Nachbarn vor dem Aussterben zu bewahren.

Um einen Stopp des rapiden Alterungsprozesses der Gesellschaft kann es also nicht gehen. Dagegen spricht schon die Statistik. Wenn die Altersstruktur einer Gesellschaft gleich bleiben soll, muss jede Generation mehr Kinder zur Welt bringen als die Elterngeneration. Wer den Effekt der zunehmenden Lebensdauer durch steigende Geburtenzahlen kompensieren will, der erhöht ständig das Bevölkerungsniveau. Dass die Deutschen länger leben, weil es in unserem Land seit 60 Jahren keinen Krieg gegeben hat, schlimme Epidemien ausblieben, die medizinische Versorgung insgesamt besser ist als zu Kaisers Zeiten, hat seinen Preis. Nämlich den, dass die Bevölkerung im Durchschnitt immer älter wird. Doch das Glück zu haben, Großmutter und Großvater kennen zu lernen, bedeutet im Umkehrschluss eigentlich nicht, auf eigene Kinder zu verzichten. Dass dennoch immer mehr junge Leute kinderlos bleiben, liegt nach Meinung von Experten in der Dynamik der Erwerbsgesellschaft begründet. Anders formuliert: Gerade jüngere Bürger haben eigentlich nichts gegen Kinder. Sie sind nur viel zu beschäftigt, um ihren Plan von Familie in die Tat umzusetzen.

Was allerdings zahlreiche deutsche Politiker noch nicht kapiert haben: Es besteht kein Zusammenhang zwischen Frauenerwerbstätigkeit und sinkenden Geburtenzahlen. Die Frauenerwerbsquote erreichte ihren Höhepunkt um die Jahrhundertwende. Und: Europaweit sind die Länder mit der niedrigsten Frauenerwerbsquote auch die Schlusslichter bei den Geburten. Am Ende stehen Spanien (1,14 Kinder pro Frau), Italien (1,22 Kinder pro Frau), Deutschland (1,35 Kinder pro Frau). Mit 1,86 Kindern werden die Frauen in Norwegen am häufigsten Mutter, aber dort ist die Berufstätigkeit von Frauen auch selbstverständlich.

Prof. Dr. Helga Schultz von der Europa-Universität Viadrina hat noch eine andere Beobachtung gemacht: »Mit dem ökonomischen Bedeutungsschwund der Kinder steigt ihr emotionaler Wert. Die Intensität der Zuwendung wächst in dem Maße, wie die Zahl der Kinder in der Familie sinkt ... Die Emanzipation der Frauen als Ergebnis der Frauenbewegung eröffnete den Frauen selbstbestimmte Tätigkeitsfelder außerhalb von Familie und Mutterschaft. Die Opportunitätskosten (= Kosten, die dem entgangenen Nutzen entsprechen) der Kinder steigen. Wichtigstes Indiz ist die Entwicklung des Frauenstudiums während des 20. Jahrhunderts und der überproportional große Anteil lediger und kinderloser Frauen unter den Akademikerinnen.«

Eine Tendenz, die Jürgen Dorbritz, Wissenschaftler am Bundesinstitut für Bevölkerungsforschung in Wiesbaden bestätigt. Die meisten jungen Frauen wünschten sich Kinder. Nach Ausbildung, Berufseinstieg, Arbeit an der Karriere fehle dann häufig ein Partner. In zahlreichen Studien begründeten Frauen im Alter zwischen 30 und 39 Jahren ihre Kinderlosigkeit häufiger mit einer fehlenden Partnerschaft als mit der Unvereinbarkeit von Beruf und Familie. Und wer meint, dies sei wiederum ein Preis der Emanzipation, der irrt. Denn statistisch gesehen bleiben mehr Männer kinderlos als Frauen.

Ein Kind zu bekommen, bedeutet das Aufgeben von biografischen Optionen. Wer davon träumt, eine Zeit lang im Ausland zu leben oder im Job Neues auszuprobieren, wer ans große Geld glaubt oder von einer Karriere als Kreativer, kurz: Wer ein erfolgsverwöhntes Produkt der Wohlstandsgesellschaft ist, bekommt keinen Nachwuchs. Das bestätigt auch die Statistik, denn Eltern werden überwiegend diejenigen, die nicht so viele Optionen haben. Schlechter verdienende und weniger gut ausgebildete Frauen bekommen danach eher Babys. Die Kinderlosen finden sich vor allem unter den Hochqualifizierten und Paaren mit mittlerem Einkommen.

So gesehen darf sich die 70er-Jahre-Frauenbewegung als Sieger fühlen. Es ist ihr gelungen, den schlauen Frauen klarzumachen, dass Kinder eine lästige Fessel darstellen. Das eigentliche Ziel ihrer Bewegung, nämlich die Schaffung einer besseren Gesellschaft, haben die Alt-Feministinnen darüber nicht vergessen. Und dieses Ziel wird danach nur erreicht, wenn sich alle Männer von Grund auf ändern. Die Ehemänner müssen mehr im Haushalt helfen; die Politiker ihre Plätze räumen, damit in den Parlamenten Frauen und Männer je zur Hälfte vertreten sind; in den Betrieben sollen die Chefs zugunsten von Chefinnen zurücktreten. Machen sollen die Männer, die Frauen beschränken sich auf Systemkritik.

Diese recht bequeme Herangehensweise konnte auch das Thema Kind ausklammern. Typische 70er-Jahre-Diskussionen zwischen Mann und Frau thematisierten so wichtige Lebensbereiche wie Sexismus (Du hast auf meinen Busen geguckt), Feminismus (Du hinderst mich an der freien Entfaltung meiner Persönlichkeit), Marxismus (Du bist genauso ein Schwein wie alle Männer deiner Klasse). In dieser ideologiegeschwängerten Umgebung blieb wenig Raum für Nähe und Gefühle.

Aus heutiger Sicht erscheinen die Kampfschriften aus den 70ern antiquierter als die Forderungen unserer Urgroßmütter zur Kaiserzeit. Das hindert die ehemaligen K-Gruppen- Mitglieder aus den goldenen Jahren dieser Republik keineswegs daran, ihre Ziele weiterhin für fortschrittlich zu halten. Schlimmer noch: Aus den Straßenkämpfern von einst sind mittlerweile ministrable Persönlichkeiten geworden, die nunmehr als Teil des einst so verhassten Systems agieren.

EXKURS 2:
Frauenpolitik durfte sich stets innerhalb abgezirkelter Bahnen bewegen. Forderungen und Meinungen, die über offizielle Partei-Interessen hinausgingen, wurden in der Regel ignoriert. Beispiel: anarcho-syndikalistische Frauenbünde.

»Das kleinbürgerliche Schlafzimmer, das sich der ›Prolet‹ anschafft, sobald er Möglichkeit dazu hat, auch wenn er sonst revolutionär gesinnt ist, die dazugehörige Unterdrückung der Frau, auch wenn er Kommunist ist, die ›anständige‹ Kleidung am Sonntag, steife Tanzformen und tausend andere ›Kleinigkeiten‹ haben bei chronischer Wirkung unvergleichlich mehr reaktionären Einfluß als Tausende von revolutionären Versammlungsreden und Flugzetteln gutmachen können. Das enge konservative Leben wirkt unausgesetzt, dringt in jede Ritze des Alltags ein; die Fabrikarbeit und die revolutionären Flugzettel dagegen wirken nur stundenweise.« So schrieb Wilhelm Reich in der »Massenpsychologie des Faschismus«. Ganz seiner Meinung waren die Frauengruppen der Freien Arbeiter Union Deutschlands. Sie förderten nach dem Ersten Weltkrieg die »Freie Schule«, betrieben Sexualaufklärung, diskutierten über den § 218. Die Syndikalistinnen, meist Hausfrauen und Mütter, versuchten außerhalb der gewerkschaftlichen Zusammenhänge aktiv zu sein. Sie lehnten die Ehe ab, setzten sich für die »freie Liebe« und die »freie Mutterschaft« ein. Milly Witkop-Rocker entwickelte eine Erklärung, in der sie die Rolle der Frau als Konsumentin unterstrich. »Mit der Waffe des Boykotts« könne effektiv in den Wirtschaftsbereich eingegriffen werden. Milly Witkop-Rocker brachte 1921 auch die Geschlechterfrage auf den Punkt: Die Frau werde nicht nur durch die Kapitalisten ausgebeutet, sondern daneben auch noch von der privilegierten Männerwelt entrechtet. Angesichts dieser Situation könnten die Frauen natürlich nicht von den Männern erwarten, dass diese ihre Privilegien freiwillig aufgäben, ebenso wenig wie dies die Kapitalisten täten.

Die Deutschen leben in einer infantilen Gesellschaft ohne Kinder. Attribute von Kindlichkeit oder Jugendlichkeit werden von Personen besetzt, die nicht nur ihre besten, sondern schon die meisten Lebensjahre hinter sich haben. Alte Männer in Jeans, gereifte Frauen in Mini-Röcken – wen wundert's, dass der Dresscode vieler echter Jugendlicher streng und konventionell ist. Das Durchschnittsalter der Deutschen liegt mittlerweile bei 39 Jahren, also deutlich über der Grenze, bis zu der einem angeblich noch getraut werden darf.

Ganze Gruppen haben sich allerdings unverdrossen jenen pubertären Eifer erhalten, mit dem sie seinerzeit losstürmten, die Welt zu verbessern. Allen voran die Frauenpolitikerinnen, denen es über die Jahre gelungen ist, ihre geschlossene Gesellschaft zu konservieren. Wofür die Damen streiten, ist im Laufe der Jahre in Vergessenheit geraten. Wie gestrig ihre Schaukämpfe sein müssen, zeigt sich an all den Fragen, über die innerhalb der Bewegung kein bisschen nachgedacht wird. Susanne Weingarten und Marianne Wellershof stellen in »Die widerspenstigen Töchter« einen ganzen Katalog vertaner Chancen auf:

Die Frauenbewegung »hat ihre Prämissen, Forderungen und Methoden seit den frühen siebziger Jahren viel zu wenig in Frage gestellt und diese auch nicht ihren eigenen, tatsächlichen Erfolgen angepasst, sie erweitert oder gar revidiert … Ebenso wenig haben die feministischen Veteraninnen bisher aus der Überalterung der deutschen Gesellschaft, die alte Frauen (mit einer höheren Lebenserwartung als Männer) ebenso betrifft wie jüngere Frauen (die vermehrt privat oder beruflich zur Pflege und Versorgung der Alten herangezogen werden), politische Schlussfolgerungen gezogen.

Weil sie ihr Ziel, die volle Erwerbstätigkeit aller Frauen zu erreichen, nie grundsätzlich in Frage gestellt hat, fehlen der Siebziger-Jahre-Frauenbewegung jetzt auch Vorschläge, wie Frauen sich möglichst geschickt den Anforderungen und Risiken einer Ära stellen, in der der Arbeitsmarkt insgesamt schrumpft; entsprechend hat sie kein Programm zur Absicherung von Teilzeitarbeit entworfen und keine Ideen vorzuweisen, wie Frauen in der sich umwälzenden Arbeitsgesellschaft mit ihrem neuen Idealbild des flexiblen, freien Arbeitskraft-Anbieters möglichst produktiv agieren sollen.«

Ein Blick in das politische Schreckensprogramm der linken Parteien bestätigt diese Analyse. Weil die Regierung Schröder beschloss, der eigenständigen Alterssicherung für Frauen hohe Priorität einzuräumen, wurden erst einmal die Hinterbliebenenrenten gekürzt. Statt von der Rente des verstorbenen Mannes sollen künftige Frauengenerationen von ihrer eigenen Alterssicherung leben können. Ein hehres Ziel, das leider einen wesentlichen Punkt verdrängt: Frauen haben häufig keine Jobs, die so gut bezahlt werden, dass sie eine sichere Rente garantieren. 40 Prozent der erwerbstätigen westdeutschen Frauen arbeiten Teilzeit, in den neuen Ländern und Berlin-Ost sind es 22 Prozent der Frauen. Und die machen das nicht freiwillig!

Im Westen waren familiäre oder persönliche Verpflichtungen der Hauptgrund für die verkürzte Arbeitszeit, im Osten gaben mehr als die Hälfte dieser Frauen an, dass sie keinen Vollzeitarbeitsplatz finden konnten. Auch bei den so genannten geringfügigen Beschäftigungsverhältnissen waren die Frauen überproportional stark vertreten, rund drei Viertel aller im Mikrozensus erfassten geringfügig Beschäftigten waren Frauen. Nun kassieren zwar die Rentenkassen auch Beiträge von geringfügig Beschäftigten und Teilzeitarbeiterinnen. Dass diese Summen jedoch später für eine Altersversorgung ausreichen, ist illusorisch. In einer Studie, die vom Deutschen Institut für Altersvorsorge in Auftrag gegeben wurde, kamen erschreckende Ergebnisse zu Tage: Danach überschätzen 21 Prozent der Frauen ihren Rentenanspruch um mehr als die Hälfte. Sind sie beispielsweise der Auffassung, dass ihr Rentenanspruch bei monatlich 2700 DM liegt, können sie in Wirklichkeit lediglich 1800 DM erwarten.

Dass sich Frauen bei der gesetzlichen Rente schlechter stellen als Männer, hat viele Gründe:

- Frauen verdienen in der Regel weniger als Männer und haben deshalb zumeist geringere Rentenansprüche.
- Frauen kommen im Durchschnitt auf weniger »Rentenjahre« als Männer. Viele Frauen unterbrechen ihre Berufstätigkeit für eine Familienpause. Um Familienarbeit und Erwerbstätigkeit unter einen Hut zu bringen, entscheiden sich viele Mütter für eine Teilzeitbeschäftigung. Dies führt aufgrund der geringeren Versicherungszeiten konsequenterweise zu geringeren Rentenansprüchen.
- Frauen leben in der Regel länger als Männer und erhalten daher häufiger Witwenrente. Die Witwenrente beträgt aber nur 60 Prozent der dem Ehemann zustehenden Rente. Seit Januar 2002 gilt jedoch ein neues Rentenrecht. Dann wird sich die Witwenrente nur noch auf 55 Prozent belaufen.
- Zwar kennt das Versicherungssystem so genannte Erziehungszeiten. Die sich daraus ergebenden Ansprüche sind allerdings minimal. Um allein durch die Elternarbeit abgesichert zu sein, müsste eine Frau/ein Mann über 30 Kinder erziehen!
- In der Bundesrepublik wird mittlerweile jede dritte Ehe geschieden. Zwar werden beim Versorgungsausgleich die während der Ehe erworbenen Rentenanwartschaften ermittelt und aufgeteilt. Das allein garantiert im Alter jedoch keine sichere Rente.

Nun kann man diese Fakten beherzt ignorieren – wie es große Teile der alten Frauenbewegung tun, deren Mitglieder durch ihre Beamtenpensionen abgesichert ist. Man kann die Zahlen schönreden – wie die SPD, die eine monatliche Zusatzrente von aktuell 43,44 DM in den alten und 37,79 DM in den neuen Bundesländern pro Kind als Erfolg feiert.

Oder man stellt das Prinzip der bundesdeutschen Rentenversicherung grundsätzlich in Frage und orientiert sich an Modellen, die sich beispielsweise in der Schweiz bewährt haben. Die Eidgenossen zahlen halb so hohe Beitragssätze wie die Deutschen, obwohl die durchschnittlichen Staatsrenten nur unwesentlich niedriger liegen. Möglich macht dies ein Drei-Säulen-Modell, das aus einer Pflichtversicherung, einer obligatorischen Betriebsrente und der freiwilligen Vorsorge besteht. Bei der staatlichen Alters- und Hinterlassenenversicherung (AHV) sind alle Schweizer Bürger ab dem 18. Lebensjahr pflichtversichert – egal ob sie abhängig beschäftigt sind, selbständig arbeiten, studieren oder die Familie versorgen. Die Beiträge liegen bei knapp acht Prozent des Einkommens. Zahlen muß jeder Bürger unabhängig davon, woher er seine Einnahmen bezieht. Anders als in der Bundesrepublik gibt es in der Schweiz keine Beitragsbemessungsgrenzen. Als zweite Säule wurde 1985 die Berufliche Vorsorge (BV) als obligatorische betriebliche Altersversorgung eingeführt. Die BV ist eine kapitalgedeckte Pensionsversicherung, die ähnlich wie bei einer Lebensversicherung Kapital bildet, das später zur Deckung der Rente dient. Die private Selbstvorsorge ergänzt als dritte Säule das System. Sie wird durch steuerliche Anreize kräftig unterstützt. Einzahlungen in Lebensversicherungen, Pensions- und Rentenfonds sind bis zu knapp 6000 Franken pro Jahr und Person voll steuerabzugsfähig. Selbständige dürfen sogar bis zu einem Fünftel ihres Einkommens – maximal bis 28 000 Franken – abziehen. Die Zinsen sind ebenfalls steuerfrei.

Aber weil Deutschland nicht die Schweiz ist, dürfen die Bundesrepublikaner weiterhin in ein Generationenmodell einzahlen, das die Lasten stets zu Ungunsten der folgenden Generation umverteilt.

Da sich die so genannte Frauenpolitik aus dem aktuellen Tagesgeschehen verabschiedet hat, können junge Frauen in anderen Bereichen ebenfalls nicht mit Unterstützung rechnen. Als Beispiel sei das Thema berufliche Zukunft genannt. Die Technikfeindlichkeit der Apo-Opas und -Omas hat fatale Folgen für Deutschland. Es gibt tatsächlich Leute, die es schick finden, keine Ahnung von Computern zu haben. Schlimmer noch: Dank Lehrplänen, die soziales Verhalten über elementare Kenntnisse in Mathematik und Naturwissenschaften stellen, gehören deutsche Ingenieursleistungen bald der Vergangenheit an.

In der Ausgabe vom 31.8.2000 wies die »Wirtschaftswoche« nach, dass Deutschland in den zukunftsträchtigen technischen und naturwissenschaftlichen Zweigen der Nachwuchs ausgeht. Wer eigenständig forschen möchte, findet im Ausland bessere Bedingungen. Und die großspurig angekündigte Entbürokratisierung der Forschungsförderung steht bislang nur auf dem Papier. Zwar werden Kindern und Jugendlichen gern Computer versprochen. Aber die Technik kann das Denken nicht ersetzen. Will meinen: Statt in Rechner, die mangels Wartung nutzlos in den Kellern der Schulen herumstehen, wären Investitionen in Bildung sinnvoller. Und das meint auch eine technische Ausbildung. Zum Beispiel im Mathematik-, Physik-, Informatikunterricht. Durch LehrerInnen, deren Wissensstand nicht aus dem Jahr 1976 stammt.

In ihrem Bemühen um Gleichheit ist es den Bildungspolitikern gelungen, ein einheitlich schlechtes Niveau zu sichern. Wie schlecht, bewies die von der OECD in Auftrag gegebene Vergleichsstudie »Pisa«, bei der Deutschland Platz 25 von 32 Plätzen belegte. Erklärungen für das schlechte Abschneiden deutscher Schüler gab es viele. Die einen machten den Fernsehkonsum dafür verantwortlich, andere die praxisferne Ausbildung der Lehrer. Doch auch bei der jüngsten Bildungsdebatte wurde wieder einmal deutlich, wie sehr Ideologen die Diskussion bestimmen: Über Elitenförderung darf nördlich des Mains nicht einmal nachgedacht werden.

Unter diesen Denkverboten leiden auch junge Mädchen. Weil die Alt-Feministinnen sich stets als Opfer des Patriarchats verstehen, kämpfen sie verbissen um den Erhalt des Status quo. Mädchen dürfen daher nur in ihrer Rolle als Unterlegene auf Hilfe hoffen. Solange sie Probleme haben, schenken ihnen die Alten alle Aufmerksamkeit. Es gibt Mädchenhäuser für Misshandelte, Förderprogramme für Benachteiligte, Unterstützung für Kriminelle. Wie wäre es stattdessen einmal mit einer aktiven Unterstützung? Einer Förderung weiterführender Schulen für Mädchen oder zumindest getrennter Unterricht beispielsweise in mathematischen und sprachlichen Fächern. Dass eine getrennte Ausbildung der Geschlechter nicht unbedingt zu einer neuen Generation von Hauswirtschafterinnen führt, zeigt der Blick in die USA. Hilary Rodham Clinton war schließlich nicht nur Präsidentengattin, sondern auch erfolgreiche Juristin und Politikerin.

Aktionen für mehr Gleichheit im Beruf haben sich in der Vergangenheit auf Aktionen »Mädchen in Männerberufe« beschränkt. Dabei braucht jeder Beruf sowohl »typisch weibliche« wie »typisch männliche« Qualitäten. Eine moderne Berufsberatung durch entsprechend geschulte BerufsberaterInnen könnte jungen Frauen die »weiblichen« Seiten eines Jobs nahe bringen. Kreativ ist nicht nur die Grafikerin, sondern auch die Programmiererin. Menschen helfen kann man nicht allein als Krankenschwester – sondern auch als Bauingenieurin. Und wer gern mit Menschen kommuniziert, hat dazu nirgendwo besser die Möglichkeit als im Internet – als Sicherheitsexpertin, als Datenbankspezialistin, als Rechercheurin, Online-Redakteurin.

Es ist dringend an der Zeit, sich von alten Denkmodellen zu lösen, in der Frauenpolitik genauso wie in der Familienpolitik. Dazu braucht dieses Land allerdings den Mut, die in Rente zu schicken, die seit Jahrzehnten die ewig gleichen Forderungen stellen. Denn spätestens seit dem 11. September 2001 stimmen die alten Feindbilder nicht mehr.

Die deutsche Linke hat sich lange Jahre den Luxus geleistet, sich vor Verantwortung zu drücken. Auseinandersetzungen wurden auf Nebenkriegsschauplätzen ausgefochten, stets mit dem Wissen, in einer Gesellschaft zu leben, die jedem das Recht auf freie Entfaltung ihrer Persönlichkeit einräumt. Entfaltet haben sie sich, die Kritiker von Autobahnen, Spraydosen, Plastikmüll und neuen Wohngebieten in Stadtrandlagen. Übersehen wurde dabei häufig, dass dieses Engagement für seltene Vogelarten und rechtlose Personen nur möglich war, weil eine große Gruppe von Menschen tagtäglich ein kleines, unauffälliges Leben führt. Millionen Deutsche zahlen, ohne zu murren, viel zu hohe Steuern, akzeptieren die Subventionierung üppiger Verwaltungsapparate und müssen sich dafür als Trottel belächeln lassen.

Familien waren einmal so etwas wie die Keimzelle des Staates. In der Familie wurden die Werte vermittelt, ohne die unser demokratisches System nicht denkbar wäre: Verantwortung für den anderen zu übernehmen, einander zu helfen, gemeinsame Ziele zu verfolgen. Doch scheinbar war den Regierenden dieses Verhalten nicht geheuer. Schritt für Schritt wurden dem Einzelnen Aufgaben entzogen, die der Staat angeblich besser erledigen kann als seine Bürger.

Beispiel Kindererziehung: Die Schulen sind seit Jahren keine Orte des Lernens mehr, sondern Versuchsanstalten. Es vergeht keine Legislaturperiode, in der nicht irgendein Bürokrat eine tolle neue Idee für den Unterricht hat. Erst sollen die Kinder mit fünf eingeschult werden, dann doch besser mit sieben. Mal schwört man auf Gesamtschulen, dann wieder auf eine sechs Jahre dauernde Grundschule. Und das ganze Geld, das angeblich in die Zukunft unseres Landes investiert wird, versickert in Expertenkommissionen oder fließt in die Taschen von Gutachtern.

Beispiel Altenbetreuung: Durch die Einführung der Pflegeversicherung unter der Regierung Kohl ist die Sorge um die ältere Generation zu einem Wirtschaftsgut geworden. Der Staat gibt vor, was das Leben eines Menschen wert ist, sauber gestaffelt nach Pflegestufen. Zur Erhaltung der Menschenwürde gibt es täglich eine warme Mahlzeit – aber kein persönliches Gespräch, das länger als zwei Minuten dauert. Gewaschen werden die Alten, ihre Tränen können sie gefälligst selbst trocknen.

Für viele Menschen auf der Welt ist die Art und Weise, mit der in Deutschland Kinder und alte Menschen behandelt werden, unverständlich. In diesem steinreichen Land wird Hunden ihr Futter auf Porzellantellern serviert, für die Renovierung von Schulen oder Altenheimen ist angeblich kein Geld da. Kein Wunder, dass die viel beschworenen demokratischen Ideale von Toleranz und Liberalität vielerorts auf wenig Gegenliebe stoßen.

In ihrem Bemühen, sich um das Wohl von Minderheiten zu kümmern, ist dem Land der Gemeinsinn abhanden gekommen. Das spüren Familien. Sie stellen in der Bundesrepublik zwar noch immer die Mehrheit der Bevölkerung, auf ihre Bedürfnisse wird jedoch keine Rücksicht genommen. Im Gegenteil. Mit dem Hinweis darauf, dass es vielen anderen ja so viel schlechter geht, werden von Familien die größten Opfer gefordert. Politiker von SPD und Grünen meinen immer noch, dass der Wunsch nach Sicherheit, Sauberkeit, Ordnung einem Verrat der freiheitlich-demokratischen Grundordnung nahe kommt.

Und so findet sich in diesem Land jeder schnell in der rechten Ecke wieder, der gegen Drogenambulanzen in Wohnvierteln oder Obdachlose auf Stadtplätzen ist. Bürgerkritik ist von den Regierenden häufig nicht erwünscht. Vor allem nicht, wenn sie sich gegen linke Ideale richtet. Der Traum von Multikulti ist für viele Grüne und Sozialdemokraten noch lange nicht ausgeträumt, wird in vorauseilendem Gehorsam auf mögliche Gefühle anderer Kulturen Rücksicht genommen. Kein Schweinefleisch auf Schulfesten – weil sich die Moslems unter den Schülern vielleicht diskriminiert fühlen könnten. Und wer nimmt Rücksicht auf die Hindus, für die Kühe heilige Tiere sind?

In Deutschland lebende Ausländer beklagen sich zu Recht darüber, dass sie eigentlich nicht wissen, was die Werte dieser Republik ausmachen. Ach ja, Ausländer darf man/frau ja nicht sagen. In unseren Städten leben MigrantInnen. Eine Bezeichnung, die die Menschen besonders freut, die bereits in zweiter oder dritter Generation in Deutschland leben und sogar hier geboren sind. Mit den Nicht-Deutschen versuchen linke Politiker das Gleiche wie seinerzeit mit den Frauen. Den Ausländern wird unterstellt, sie seien eine homogene Gruppe – mit gleichen Problemen, gleichen Zielen. So wie alle Frauen angeblich die gleichen Bedürfnisse haben, weil sie weiblich sind. Dabei verbindet eine politische Asylbewerberin aus dem Iran wenig mit der tief verschleierten Türkin – außer vielleicht der Tatsache, dass beide zufällig nicht in Deutschland geboren wurden.

Die Asylpolitik ist ein weiteres erschreckendes Beispiel dafür, wie Gutmenschen in Verbindung mit Bürokraten ganz allmählich das Fundament dieses Staates aushöhlen. Es gibt nämlich leider keine Grundwerte an sich. Jedes Land muss gemeinsam mit seinen Bürgern definieren, welche Ideale und Ziele der Gemeinschaft wichtig sind. So schrecklich politische Verfolgung im Einzelfall sein mag, wer unsere offene Gesellschaft schützen möchte, darf ihre Feinde nicht hineinlassen. Aus dem Gefühl der Schuld für die Verbrechen der Nationalsozialisten hat sich aber bei einer großen Gruppe politischer Aktivisten eine masochistische Unterwerfungsgeste entwickelt. Als müsse man sich nur um all die kümmern, die anderswo unerwünscht sind, um letztendlich selbst Vergebung zu erfahren. Allerdings lehrt die neuere Geschichte, dass westliche Vorstellungen von Toleranz und Demokratie keineswegs überall auf Gegenliebe stoßen. Regimegegner sind nicht per se bessere Menschen. Ayatollah Khomeni beispielsweise lebte lange Jahre im französischen Exil, bevor er in den Iran zurückkehrte, um etwas zu errichten, was in westlichen Augen einem totalitären Regime sehr nahe kommt.

Gerade die deutsche Linke, sonst in Glaubensfragen überkritisch, weigert sich jedoch, gegen den muslimischen Fundamentalismus vorzugehen. Wenn ein Bundesland wie Bayern Kreuze in den Klassenzimmern aufhängen möchte und ein Morgengebet anregt, stößt dies auf höhnendes Unverständnis. Eine Muslima, die mit Kopftuch unterrichten möchte, kann sich dagegen der Sympathie vieler Progressiver sicher sein. Die arme Frau kämpft ja schließlich für eines der bundesdeutschen Grundrechte: die freie Religionsausübung. Stimmt. Aber trotzdem darf die Frage erlaubt sein, warum das gleiche Grundrecht in so unterschiedlichem Maß schützenswert ist.

Zu unseren demokratischen Spielregeln gehört es, dass jeder Bürger sein ganz individuelles Rechtsempfinden von Gerichten überprüfen lassen darf. Bislang hat dieses Instrument recht gut funktioniert und allzu forsche Weltverbesserer in ihren Bemühungen gestoppt. Eine Befreiung von Rechthaberei und Besserwisserei kann uns aber auch das Bundesverfassungsgericht nicht schenken.

Die Zukunft dieses Landes wird von allen politischen Parteien stets aufs Neue beschworen. Ernsthafte Gedanken, wie dieses Morgen aussehen soll, machen sich allerdings nur die wenigsten. Es soll ein bisschen sein wie jetzt, nur besser. Es sollen alle glücklicher sein, zufriedener. Und es wäre schön, wenn das Leben irgendwie sinnvoller wäre.

Doch was ist »Sinn« für eine Gesellschaft, die ihre Werte in Euro misst? Nach dem Anschlag auf das World Trade Center haben auch in Deutschland viele Menschen erkannt, wie verletzbar unser Wohlstand und damit letztlich die Grundlage unseres demokratischen Systems ist. Binnen weniger Minuten wurde im September 2001 der so genannten freien Welt das Gefühl von Sicherheit und Unverletzlichkeit genommen. Gleichzeitig setzte sich eine weitere Erkenntnis durch: dass Demokratie mehr ist als die Freiheit, viel Geld zu verdienen.

Die Deutschen als Volk der Dichter und Denker machen sich nicht erst seit New York Gedanken über den Sinn des Lebens. Über 15 000 Resultate allein aus Deutschland liefert die Internetsuchmaschine Google auf eine entsprechende Anfrage. Vielleicht könnte eine Antwort sein, dass sich der Individualismus als Lebensprinzip überholt hat. Sobald allerdings nicht mehr die Interessen des Einzelnen im Vordergrund stehen, wird die Gruppe wieder wichtiger. Zum Beispiel so etwas wie Familie, die einem Menschen Sicherheit und Geborgenheit geben kann.

Vielleicht wird das die große Stunde der Menschen, die erkannt haben, dass Werte nur bewahrt werden können, wenn sie weitergegeben werden. An eine nächste Generation beispielsweise. Und dass erwerbstätige Mütter mit ihrer Bereitschaft, Zeit zu teilen, keinen Fehler machen, sondern ein neues Lebensmodell bieten. Zeit wird in unserer westlichen Welt deshalb geschätzt, weil sie davor schützt, rund um die Uhr verfügbar zu sein. Bewusst Zeit mit Kindern zu verbringen, ist ein bisschen wie Revolution. Aber diesmal eine, die wirklich Zukunft hat. Sonst sind wir im Alter so allein! Dafür lohnt es sich schon, höher auf die Barrikaden zu steigen!

Literatur

Beauvoir, Simone de: Das andere Geschlecht. Reinbek 1968

Beck, Ulrich: Was ist Globalisierung? Irrtümer des Globalismus, Antworten auf Globalisierung. Frankfurt/Main 1997

Bernard, Cheryl; Edith Schlaffer: Let's Kill Barbie. Wie aus Mädchen tolle Frauen werden. München 1997

Bundesanstalt für Arbeit (Hrsg.): Ausbildung, Beschäftigung und Weiterbildung von Frauen. Nürnberg 1997

Bundesministerium für Familie, Senioren, Frauen und Jugend (Hrsg.): Gleichberechtigung von Frauen und Männern. Wirklichkeit und Einstellung in der Bevölkerung 1996. Stuttgart/Berlin/Köln 1997

Bundesministerium für Familie, Senioren, Frauen und Jugend (Hrsg.): 20 Jahre Übereinkommen der Vereinten Nationen zur Beseitigung jeder Form von Diskriminierung der Frau. Berlin 2000

Bundesministerium für Familie, Senioren, Frauen und Jugend (Hrsg.): 5. Familienbericht: Familien und Familienpolitik im geeinten Deutschland – Zukunft des Humanvermögens. Berlin 2000

Bundesministerium für Familie, Senioren, Frauen und Jugend (Hrsg.): Alleinerziehen in Deutschland – Dokumentation der gleichnamigen Fachtagung. Berlin 2001

Bundesministerium für Familie, Senioren, Frauen und Jugend (Hrsg.): Chancengleichheit in der Wirtschaft. Abschlussdokumentation der vier Dialogforen und des Kongresses zur Chancengleichheit von Frauen und Männern. Berlin 2000

Bundesministerium für Familie, Senioren, Frauen und Jugend (Hrsg.): Chan-